Politische Bildung

Herausgegeben von
C. Deichmann, Jena
I. Juchler, Potsdam

Die Reihe Politische Bildung vermittelt zwischen den vielfältigen Gegenständen des Politischen und der Auseinandersetzung mit diesen Gegenständen in politischen Bildungsprozessen an Schulen, außerschulischen Einrichtungen und Hochschulen. Deshalb werden theoretische Grundlagen, empirische Studien und handlungsanleitende Konzeptionen zur politischen Bildung vorgestellt, um unterschiedliche Zugänge und Sichtweisen zu Theorie und Praxis politischer Bildung aufzuzeigen und zur Diskussion zu stellen. Die Reihe Politische Bildung wendet sich an Studierende, Referendare und Lehrende der schulischen und außerschulischen politischen Bildung.

Herausgegeben von

Carl Deichmann
Universität Jena
Deutschland

Ingo Juchler
Lehrstuhl für Politische
Bildung
Universität Potsdam
Deutschland

Weitere Bände in dieser Reihe
http://www.springer.com/series/13420

Volker Reinhardt
(Hrsg.)

Jugend und Politik

Empirische Studien zur Wirkung
politikvernetzter Projektarbeit

Herausgeber
Volker Reinhardt
Politikwissenschaft
PH Weingarten
Weingarten
Deutschland

Politische Bildung
ISBN 978-3-658-08271-0   ISBN 978-3-658-08272-7 (eBook)
DOI 10.1007/978-3-658-08272-7

Die Deutsche Nationalbibliothek verzeichnet diese Publikation in der Deutschen Nationalbibliografie; detaillierte bibliografische Daten sind im Internet über http://dnb.d-nb.de abrufbar.

Springer VS
© Springer Fachmedien Wiesbaden 2015
Das Werk einschließlich aller seiner Teile ist urheberrechtlich geschützt. Jede Verwertung, die nicht ausdrücklich vom Urheberrechtsgesetz zugelassen ist, bedarf der vorherigen Zustimmung des Verlags. Das gilt insbesondere für Vervielfältigungen, Bearbeitungen, Übersetzungen, Mikroverfilmungen und die Einspeicherung und Verarbeitung in elektronischen Systemen.
Die Wiedergabe von Gebrauchsnamen, Handelsnamen, Warenbezeichnungen usw. in diesem Werk berechtigt auch ohne besondere Kennzeichnung nicht zu der Annahme, dass solche Namen im Sinne der Warenzeichen- und Markenschutz-Gesetzgebung als frei zu betrachten wären und daher von jedermann benutzt werden dürften.
Der Verlag, die Autoren und die Herausgeber gehen davon aus, dass die Angaben und Informationen in diesem Werk zum Zeitpunkt der Veröffentlichung vollständig und korrekt sind. Weder der Verlag noch die Autoren oder die Herausgeber übernehmen, ausdrücklich oder implizit, Gewähr für den Inhalt des Werkes, etwaige Fehler oder Äußerungen.

Lektorat: Dr. Jan Treibel, Monika Mülhausen

Gedruckt auf säurefreiem und chlorfrei gebleichtem Papier

Springer Fachmedien Wiesbaden ist Teil der Fachverlagsgruppe Springer Science+Business Media
(www.springer.com)

Inhaltsverzeichnis

1 **Projektunterricht, Politik und Demokratie. Annäherungen an vernetzte Strukturen** 1
Volker Reinhardt

Teil I Grundlagen der politikvernetzten Projektarbeit: Jürg Aeppli und Volker Reinhardt

2 **Theoretischer Hintergrund** 7
Jürg Aeppli und Volker Reinhardt
   2.1   Geschichtliche Aspekte 7
   2.2   Demokratie-Lernen 9
   2.3   Demokratie-Lernen und Projektorientierung 11
   2.4   Das Didaktikdilemma der politischen Bildung 14
   2.5   Politikvernetzte Projektarbeit als Strategie 16
   2.6   Empirische Forschung in der Schweiz zu politischen Einstellungen und zu Politik-Interesse von Jugendlichen 18

Teil II Einschätzungen von Schülerinnen und Schülern zu ihrem Politik-Interesse und Identifikation von Gruppen mit unterschiedlichem Politik-Interesse: Jürg Aeppli und Volker Reinhardt

3 **Einführung und Fragestellungen** 27
Jürg Aeppli und Volker Reinhardt
   3.1   Einschätzung des Interesses an Politik 28
   3.2   Gruppen, die sich hinsichtlich Interesse an Politik voneinander unterscheiden 28

	3.2.1	Identifikation von Gruppen, die sich im Gesamt-Interesse an Politik hinsichtlich Politik-Bereichen voneinander unterscheiden 30
	3.2.2	Identifikation von Gruppen, die sich hinsichtlich Politik-Einzelaspekten innerhalb eines Politik-Bereichs voneinander unterscheiden 31
	3.2.3	Identifikation von Gruppen, die sich hinsichtlich des Gesamtinteresses an Politik auf unterschiedlichen Interessens- und Engagement-Ebenen voneinander unterscheiden 32

4 Methode 35
Jürg Aeppli und Volker Reinhardt
4.1 Stichprobe 35
4.2 Erhebungsinstrument 36
4.3 Durchführung 40
4.4 Auswertung 41

5 Ergebnisse 43
Jürg Aeppli und Volker Reinhardt
5.1 Einschätzung des Interesses an Politik 43
5.2 Identifikation von Gruppen, die sich hinsichtlich des Gesamt-Interesses an Politik voneinander unterscheiden 48
5.3 Identifikation von Gruppen, die sich hinsichtlich Politik-Einzelaspekten innerhalb eines Politik-Bereichs voneinander unterscheiden 49
    5.3.1 Gruppen, die sich hinsichtlich Politik-Einzelaspekten innerhalb des Themenkomplexes „Politik-Interesse" voneinander unterscheiden 50
    5.3.2 Gruppen, die sich hinsichtlich Politik-Einzelaspekten innerhalb des Themenkomplexes „politische Motivation" voneinander unterscheiden 52
    5.3.3 Gruppen, die sich hinsichtlich Politik-Einzelaspekten innerhalb des Themenkomplexes „politische Handlungsbereitschaft" voneinander unterscheiden 55

5.4	Identifikation von Gruppen, die sich hinsichtlich des Gesamtinteresses an Politik auf unterschiedlichen Interessens- und Engagement-Ebenen voneinander unterscheiden	58
6	**Diskussion**	**63**
	Jürg Aeppli und Volker Reinhardt	

Teil III	**Veränderung des Interesses an Politik durch politikvernetzte Projektarbeit: Jürg Aeppli und Volker Reinhardt**	**69**

7	**Einführung und Fragestellungen**	**71**
	Jürg Aeppli und Volker Reinhardt	
8	**Methode**	**75**
	Jürg Aeppli und Volker Reinhardt	
8.1	Stichprobe	75
8.2	Erhebungsinstrumente	77
8.3	Design der Untersuchung und Durchführung	77
8.4	Auswertung	79
9	**Ergebnisse**	**83**
	Jürg Aeppli und Volker Reinhardt	
9.1	Veränderungen hinsichtlich Einzelaspekte des Themenkomplexes „Politik-Interesse"	84
9.2	Fazit	92
9.3	Veränderungen hinsichtlich Einzelaspekte des Themenkomplexes „politische Motivation"	92
9.4	Veränderungen hinsichtlich Einzelaspekte des Themenkomplexes „politische Handlungsbereitschaft"	96
9.5	Zusammenfassung der Ergebnisse	101

Teil IV	**„Sehr gut an dieser Methode finde ich das laufende Reflektieren." Lehrerinnen und Lehrer beurteilen politikvernetzte Projektarbeit: Volker Reinhardt**

10	Erfahrungen von Lehrpersonen der Sekundarstufe I 105
	Volker Reinhardt
	10.1 Methode 106
	10.1.1 Design und Ablauf der Untersuchung 106
	10.1.2 Erhebungsinstrumente 107
	10.2 Auswertung 107
	10.2.1 Die geschlossenen Fragen 108
	10.2.2 Die offenen Fragen 109
	10.3 Zusammenfassung 122

11 Politik und Projektarbeit: Widersprüchliche empirische Ergebnisse? Ein Fazit 125
Volker Reinhardt

Anhang 131

Literatur 145

Mitarbeiterverzeichnis

Jürg Aeppli Pädagogische Hochschule Luzern, Luzern, Schweiz

Volker Reinhardt Politikwissenschaft, PH Weingarten, Weingarten, Deutschland

Projektunterricht, Politik und Demokratie. Annäherungen an vernetzte Strukturen

Volker Reinhardt

Demokraten werden nicht geboren, Demokratie wird nicht vererbt, sondern muss gelebt und gelernt werden. Es zählt zur Aufgabe der Schule, Demokratie erfahrbar- und erlebbar zu machen und Partizipationsprozesse zu ermöglichen.

Jeder Mensch hat Vorstellungen über die politische und gesellschaftliche Realität und urteilt über politische Entwicklungen. Diese politischen Vorstellungen und Urteile werden durch Lernprozesse immer komplexer und dienen der Orientierung in einer globaler werdenden Welt.

Die Verbindung dieser beiden Aspekte, nämlich die Förderung der konkret erlebten Demokratie in der Umwelt der Lernenden und die politische Urteilsbildung im Sinne der politischen Bildung sind Ziele eines umfassenden Demokratie-Lernens.

Demokratie-Lernen ist in den letzten Jahren im deutschsprachigen Raum in Bewegung gekommen. Sowohl in Österreich und Deutschland als auch in der Schweiz sind, zum Teil unter hohem finanziellem Aufwand, Programme zur Förderung der demokratischen Schulkultur entstanden. Für die Schweiz sind vor allem die Veranstaltungen rund um das „europäische Jahr der politischen Bildung", einer Initiative des Europarates zu nennen, ferner der nationale Wettbewerb „Demokratie leben und lernen" des Staatssekretariats für Bildung und Forschung oder das Klassenprojekt „E-democratic classes twinning" des Schweizer Medieninstituts für Bildung und Kultur. Allen Initiativen und Projekten ist gemeinsam, dass sie

---

V. Reinhardt (✉)
Politikwissenschaft, PH Weingarten, Weingarten, Deutschland
E-Mail: reinhardt@ph-weingarten.de

© Springer Fachmedien Wiesbaden 2015
V. Reinhardt (Hrsg.), *Jugend und Politik*, Politische Bildung,
DOI 10.1007/978-3-658-08272-7_1

die gegenwärtig vorhandene Schulkultur als unzureichend empfinden, was ihre demokratische Einbettung und demokratische Ausrichtung anbelangt. Sehr häufig gehen sie von defizitären Kommunikations- und Handlungsmöglichkeiten in Schulen und jugendlichen Subkulturen aus und nehmen die zunehmende Gewalt in der Schule, Politikverdrossenheit und Rechtsextremismus als Ausgangspunkt für ihre Interventionsprogramme (vgl. Edelstein und Fauser 2001, S. 9 ff.). Dieses Demokratie-Lernen bezieht sich allerdings fast immer ausschließlich auf den demokratischen Umgang der Schülerinnen und Schüler im Schulleben, auf Demokratie im Mikrokosmos Schule. Explizit politische Bildung, in der politische Prozesse und Institutionen auf der Makroebene des politischen Systems analysiert werden, taucht in diesen Projekten selten bzw. gar nie auf.

Die vorliegende Publikation möchte in einem ersten Schritt das Politikinteresse von Jugendlichen untersuchen. Das Hauptaugenmerk liegt dann auf der Analyse erster empirischer Daten zur Frage, ob bzw. inwiefern sich die Verbindung von Demokratie-Lernen und Projektunterricht auf das Interesse an Politik, auf politische Motivation und Handlungsbereitschaft von Schüler/innen auswirkt. Der erste längere Beitrag dieses Bandes ist das Ergebnis einer Interventionsstudie, die von Jürg Aeppli und Volker Reinhardt im Kanton Luzern/Schweiz durchgeführt und in einem internen Forschungspapier dokumentiert wurde (Aeppli und Reinhardt 2011). Diese Studie besteht aus drei Teilen: Nachdem in Teil I auf die Grundlagen bzw. den Theoretischen Hintergrund eingegangen wird, soll in Teil II zunächst erhoben werden, wie interessiert Sekundarstufenschülerinnen und -schüler an Politik sind. Die Einschätzungen der Schülerinnen und Schüler zu verschiedenen Politik-Einzelaspekten sollen dargestellt und diese Befunde weiter analysiert werden, indem die Einschätzungen der Schülerinnen und Schüler bezüglich Interesse an Politik miteinander verglichen werden, um zu überprüfen, ob sich unter den Schülerinnen und Schülern „Politik-Interessens-Typen" bilden lassen.

Eine weitere Teilstudie soll dann (in Teil III) zeigen, ob eine Intervention, die sowohl Demokratie und Politik auf der Mikroebene wie auch auf der Makroebene einbezieht – eine so genannte politikvernetzte Projektarbeit – bei Sekundarschülerinnen und -schülern positive Auswirkungen im Bereich des politischen Interesses, der politischen Motivation und der politischen Handlungsbereitschaft hat. Ein solches politikvernetztes Projekt beschäftigt sich mit einem explizit politisch-demokratischen Problem, einem politischen Konflikt. Während des Projektes müssen immer wieder reflexive Phasen eingeschaltet sein, in denen die Bezüge des Projektes zum politischen System inhaltlich aufgegriffen werden. In diesem Teil III wird der Frage nachgegangen, ob sich bei Sekundarschülerinnen und -schülern, welche ein politikvernetztes Projekt durchgeführt haben, positive Auswirkungen hinsichtlich politischen Interesses, politischer Motivation und politischer Handlungsbereitschaft zeigen.

Der dann folgende Beitrag in Teil IV, der als Ergänzungsstudie zur dritten Teilstudie gesehen werden kann, nimmt die Perspektive der Lehrerinnen und Lehrer ein, die ein politikvernetztes Projekt durchgeführt haben und sowohl die Veränderung des Politikinteresses als auch der politischen Motivation und Handlungsbereitschaft der Schülerinnen und Schüler einschätzen. Der Beitrag soll zeigen, ob eine Intervention, die sowohl Demokratie und Politik auf der Mikroebene wie auch auf der Makroebene einbezieht, aus Sicht von 15 Lehrpersonen – die ein solches Projekt durchgeführt hatten – sinnvoll ist. Die Lehrer/innen werden zum Einsatz einer solchen politikvernetzten Projektarbeit befragt, ebenso sollen sie nach der Intervention das Interesse und den Kompetenzgewinn ihrer Klasse hinsichtlich politischer Bildung einschätzen. Die Studie ist qualitativ angelegt.

Im abschließenden Fazitkapitel werden die Ergebnisse der beiden Studien diskutiert und zueinander in Beziehung gesetzt. Es stehen in diesem Abschlusskapitel Fragen nach den verschiedenen Perspektiven auf politikvernetzte Projektarbeit im Vordergrund: Gibt es Unterschiede in der Wahrnehmung des Politikinteresses, der politischen Motivation und Handlungsbereitschaft bei Schülerinnen und Schülern, die ein solches Projekt durchgeführt haben im Vergleich zu den Wahrnehmungen, die die Lehrenden bei ihren Schülerinnen und Schülern ausmachten? Es werden dann Begründungsmuster für die beiden Perspektiven zu suchen sein, um für nachfolgende Untersuchungen das Forschungsdesign anpassen bzw. optimieren zu können.

Teil I
Grundlagen der politikvernetzten Projektarbeit: Jürg Aeppli und Volker Reinhardt

Theoretischer Hintergrund 2

Jürg Aeppli und Volker Reinhardt

2.1 Geschichtliche Aspekte

Projektorientiertes Arbeiten reicht bis in das 18. Jahrhundert in Frankreich zurück, wo Architekturwettbewerbe für Studierende als „projcts" bezeichnet wurden, in denen sie selbstständig Pläne und Entwürfe für kleinere Bauvorhaben anzufertigen hatten (vgl. Knoll 1992a, S. 90 f.). In der Schule tauchte der Projektbegriff zum ersten Mal am Ende des 19. Jahrhunderts in Nordamerika auf, nun sollten die Schülerinnen und Schüler aber nicht nur einen Plan anfertigen, sondern sich auch ganz konkret mit dessen Realisierung beschäftigen. Allerdings war zu dieser Zeit die Projektorientierung beschränkt auf technische Arbeiten, wie das Tischlern von Regalen oder das Bauen von Motoren. (vgl. Knoll 1992a, S. 91). Erst am Anfang des 20. Jahrhunderts nahm die amerikanische Schulpädagogik bzw. die Erziehungsphilosophie den Projektgedanken auf und es entstand recht schnell eine ganze Projektbewegung. Alles konnte zu einem Projekt werden, es gab technische, praktische, soziale und künstlerische Varianten, so dass Diskussion nach einer terminologischen Klärung bzw. einer Theorie verlangte (vgl. Oelkers 1999, S. 16). Einig war man sich, dass das Projekt eine Methode des praktischen Problemlösens

---

J. Aeppli (✉)
Pädagogische Hochschule Luzern, Töpferstrasse 10, 6004 Luzern, Schweiz
E-Mail: juerg.aeppli@phlu.ch

V. Reinhardt
Politikwissenschaft, PH Weingarten, Weingarten, Deutschland
E-Mail: reinhardt@ph-weingarten.de

© Springer Fachmedien Wiesbaden 2015
V. Reinhardt (Hrsg.), *Jugend und Politik,* Politische Bildung,
DOI 10.1007/978-3-658-08272-7_2

darstellte, die sich durch drei immer wiederkehrende Merkmalsausprägungen auszeichnete:

1. Die Orientierung an den Schülerinnen und Schülern. Die Aufgabenstellung oblag zwar dem Lehrer bzw. der Lehrerin; den Plan, die Durchführung und das Produkt hatten die Lernenden aber selbst zu erstellen.
2. Orientierung an der Wirklichkeit: Die Schülerinnen und Schüler sollten sich nicht nur mit Theorien beschäftigen, sondern sollten lernen, diese Theorien für gegenwärtige und zukünftige Aufgaben in ihrem Beruf und Leben anzuwenden.
3. Orientierung am Produkt: Es ging also nicht nur um eine gedankliche Vorstellung einer Problemlösung, wie Walter Gagel es für möglich hält (vgl. Gagel 1998, S. 137), sondern um das ganz konkrete Tun, um das Anfertigen von Plänen und Produkten, mit denen sie ihre Vorstellungen überprüfen konnten (vgl. Knoll 1992a, S. 91).

In der erziehungswissenschaftlichen Literatur wird seither gemutmaßt, wer von den amerikanischen Pädagogen – es werden vor allem die beiden Erziehungsphilosophen Kilpatrick und Dewey genannt – den Projektbegriff eingeführt und wissenschaftlich verortet habe (vgl. z. B. Speth 1997; Knoll 1992a, S. 90; Schreier 1997). William Kilpatrick veröffentlichte 1918 einen – nachdem er publiziert war – stark nachgefragten Aufsatz mit dem Titel „The Project-Method", ohne jegliche geistige Vorgänger zu erwähnen (vgl. Oelkers 1999, S. 17). Einer der wichtigen Wegbereiter für die Theorie Kilpatricks war indes John Dewey, sein ehemaliger Lehrer an der Columbia University, an der später auch Kilpatrick forschte und lehrte. Dewey gebrauchte schon 1915 in seinem nicht nur für die Erziehungswissenschaft wohl bedeutendsten Werk „Democracy and Education" (Dewey 1916, 1966) den Begriff Projekt, allerdings verstand er darunter etwas anderes als der an der Kindzentrierung ausgerichtete Kilpatrick. Dewey schrieb darin eher beiläufig über Projekte und kritisierte die bis dahin landläufige Projektidee: „Der Übereifer, Materialien und Verfahren so auszuwählen, dass kein Fehler gemacht werden kann, verringert die Möglichkeit zur eigenen Initiative und zum eigenen Urteil auf ein Minimum und zwingt zu Methoden, die von den komplexen Situationen des Lebens so fern sind, dass die gewonnene Kraft kaum brauchbar ist. Es ist zwar wahr, dass Kinder dazu neigen, ihre Kräfte zu überschätzen und Projekte auszuwählen, die sie nicht durchführen können. Aber die Grenzen der eigenen Fähigkeit zu erkennen, gehört zu den Dingen, die gelernt werden müssen. Wie die anderen Dinge wird es gelernt, indem die Folgen des Handelns selbst erfahren werden" (Dewey 1916, zit. nach Knoll 1992a, S. 92). Wenn Dewey in „Democracy and Education" auch nur am Rande über Projekte schrieb, so ist er für den hier vertretenen Ansatz äußerst wichtig, liefert er doch grundsätzliche Überlegungen für ihre Implementierung, ebenso für das Demokratie-Lernen, wie unten dargestellt wird. Für Dewey waren die konkreten Erfahrungen und Probleme der Kinder und Jugendlichen, die sie von außerschulischen Ereignissen kannten, Grundlage für den Unterricht an seiner Laborschule, welche an die University of Chicago angegliedert war. Schülerinnen und Schüler sollten laut Dewey zunächst nicht in der Lage sein, die Probleme alleine und nur aufgrund ihrer Vorerfahrungen zu lösen. Sie mussten vielmehr die Erfahrungen früherer Generationen mit einbeziehen, wollten sie ihre Beschäftigung zu Ende führen, das heißt, dass die Erfahrungen der Schülerinnen und Schüler den Ausgangspunkt für das Lernen bildeten, die wissenschaftlichen Erkenntnisse (des Lehrers/der Lehrerin) dagegen den Schlusspunkt, der auch für das Produkt zentrale Bedeutung hatte (vgl. Speth 1997, S. 33; Knoll 1992a, S. 93). Wie aus obigem Zitat von Dewey ersichtlich wird, war Dewey die Bildung eines eigenen Urteils wichtig, die er durch die landläufigen Projekte nicht verwirklicht sah. Gerade diese Urteilsbildung ist aber für den politischen bzw. demokratischen Unterricht zentral (vgl. z. B. Kuhn 2003; Massing und Weißeno 1997). Das bedeutet, dass die von Dewey kritisierten Projekte nicht Gegenstand dieser Betrachtung sein können, da sie sich tatsächlich nur mit handwerklichem Tun beschäftigten. Vielmehr sind Deweys Überlegungen für diese Studie von Interesse, die sowohl das Handeln als auch die reflexive Rückschau auf das Handeln und die Urteilsbildung über Prozess, Produkt und deren gesellschaftliche und politische Einordnung in den Mittelpunkt der Betrachtung stellen.

2.2 Demokratie-Lernen

Wird das projektorientierte Arbeiten im Hinblick auf Demokratie-Lernen untersucht, so kann für das Demokratieverständnis wiederum Dewey zitiert werden, dessen Demokratie-Begriff für die Projekt-Pädagogik prägend wurde: „Democracy is more than a form of government; it is primarily a mode of associated living, of conjoint communicated experience" (Dewey 1983, Bd. 9, S. 93). Himmelmann verwendet für diesen Bereich des Demokratie-Lernens die Formulierung Demokratie als Lebensform (vgl. Himmelmann 2001, S. 40 ff.) und knüpft unter anderem an Dewey an; aber auch an Friedrich Oetinger, der Anfang der fünfziger Jahre mit seinem Partnerschaftskonzept, das er aus dem Pragmatismus übernommen hatte, die Lebensform der Demokratie unterstrich. Damit sollte ein Kontrapunkt gegen die bis dahin gängige staatsbürgerliche Erziehung in Deutschland gesetzt werden (vgl. Oetinger 1956).

Himmelmann unterscheidet zwischen einer Demokratie als Lebensform, als Gesellschafts- und Herrschaftsform (vgl. Himmelmann 2002). Demokratie als Lebensform geht über das soziale Lernen hinaus, indem sie auf der Ebene der kommunizierenden Individuen demokratische Prozesse auslöst. Das können beispielsweise Beratungen und Abstimmungen sein, an deren Ergebnisse sich die Gruppe oder Klasse dann auch halten muss. Auf dieser Ebene der konkreten Demokratie-Erfahrungen der Schülerinnen und Schüler wird offensichtlich, dass Demokratie-Lernen schon sehr früh stattfinden kann. „Es geht dabei nicht um ‚Belehrung', sondern um die Ermöglichung der Sammlung von konkreten ‚Erfahrungen' mit Demokratie in der vielfältigsten Form und es geht um das ‚Wachstum dieser Erfahrung'" (Himmelmann 2002, S. 28 f.).

Über die Betrachtung der Lebensform hinaus muss Demokratie-Lernen nach Himmelmann die Gesellschafts- und Herrschaftsform beinhalten. Ansonsten bleibt das Engagement der Lehrerinnen und Lehrer sowie Schülerinnen und Schüler auf der Stufe der Lebensform stecken; sie haben sich dann auf der Ebene der zwischenmenschlichen Beziehungen und Erfahrungen weiter entwickelt, aber die Übertragung von ihren eigenen Konflikten, Machtverhältnissen und Abstimmungen auf die Ebene des Einordnens in gesellschaftliche oder politische Gegebenheiten findet nicht statt und verkürzt dann Demokratie-Lernen auf ein „Miteinanderauskommen". Um einer solchen Verkürzung entgegen zu treten, ist es erforderlich, Demokratie auch auf der Ebene der Gesellschaft zu lernen.

Zum Demokratie-Lernen auf der Gesellschaftsebene gehören Bereiche wie

- die Schule als Bezugs- oder Gesellschaftssystem für Schülerinnen und Schüler; durch „Partizipative Schulentwicklung" entwickeln Schülerinnen und Schüler ihre Schule mit und reflektieren Schule als gesellschaftliches System (vgl. Reinhardt 2004),
- das Eingebundensein der Jugendlichen in Vereine und Organisationen (z. B. übernehmen sie Verantwortung für jüngere Kinder oder eigene Aufgabenbereiche und setzen sich mit diesen Gruppen auseinander). Kinder und Jugendliche mischen sich ein und helfen benachteiligten gesellschaftlichen Gruppen wie Behinderten oder Asylsuchenden und reflektieren deren Situation.

Dieses gesellschaftliche Lernen, also das Lernen an der und für die Gesellschaft, kann neben dem Lernen auf der Ebene der Lebensform als weitere Voraussetzung für einen mündigen Bürger und eine mündige Bürgerin gesehen werden.

Die Kategorie Demokratie als Herrschaftsform erleben Schülerinnen und Schüler heutzutage vor allem im Politik- oder Geschichtsunterricht, wo sie auf der Anerkennung der Menschen- und Bürgerrechte, auf Volkssouveränität, auf Kontrolle der Macht und auf Gewaltenteilung, auf Repräsentation und Parlamentarismus beruht (vgl. Himmelmann 2002, S. 27) und vor allem eine kognitive Auseinandersetzung mit demokratischen Prozessen und Konflikten zum Ziel hat. Wird ein solcher Konflikt im Unterricht aufgegriffen, so ist dafür die politische Urteilsbildung eine wichtige Aufgabe und Zielsetzung, indem versucht wird, den Jugendlichen Urteilsmaßstäbe für die Beschäftigung mit Politik zu vermitteln, die den Grundgedanken der Demokratie entspricht; allerdings geht es hier vor allem um die kognitive, allenfalls konative Beschäftigung mit der Demokratie.

So wichtig das Demokratie-Lernen auf der Herrschafts- bzw. Regierungsebene ist, dieses Verständnis grenzt – wenn es als alleinige Lehr-/Lernform angewandt wird – das Lernen auf den Bereich des Staates, seiner Institutionen, Funktionen und Aufgaben ein und vernachlässigt die beiden weiteren Formen der Demokratie. Daher ist es – je nach Schulstufe und Alter der Schülerinnen und Schüler – erforderlich, dass alle drei Ebenen im Schulunterricht vorkommen und ein erweitertes Verständnis von Demokratie zulassen. Projektorientiertes Vorgehen sollte alle drei Demokratieformen aufgreifen, wie nun ausgeführt wird.

2.3 Demokratie-Lernen und Projektorientierung

Es hätte ein eindrucksvolles Beispiel für projektorientiertes Lernen sein können, wenn es sich im Nachhinein nicht als geschönt herausgestellt hätte (vgl. Knoll 1992b). Dennoch soll es hier als idealtypisches Projekt in Verbindung mit Demokratie-Lernen dargestellt werden: Das Typhusprojekt, das Kilpatricks Schüler Collins in den 1920er Jahren in einer Schulklasse durchgeführt hatte, erfüllte nach der Beschreibung im Rahmen seiner Dissertation die Kriterien für ein gelungenes Projekt: Schülerinnen und Schüler erforschten aus eigenem Interesse und aus Solidarität die Ursachen für das Fehlen zweier Mitschüler, die alljährlich an Typhus erkrankt waren. Sie suchten nach Gründen, warum gerade die Familie der beiden Mitschüler so häufig erkrankte. Sie stellten Hypothesen auf und verwarfen sie wieder, überprüften diese durch Beobachtungen vor Ort und kamen dann auf die Theorie, dass die vielen Fliegen im Haus der Familie Ursache für den Typhus sein mussten. Die Schülerinnen und Schüler schauten sich darauf hin aus eigenem Antrieb die Fliegenbekämpfung in modernen Haushalten an, besorgten sich geeignete Literatur hierzu, erkundigten sich bei der Gemeindeverwaltung nach Fliegenbekämpfungsmitteln und stellten eine Liste der Fliegenbekämpfung zusammen. Sie bauten Fliegenfallen und übergaben schließlich der Familie einen Abschlussbericht mit Regeln zur Fliegenbekämpfung (vgl. Knoll 1992b; Gagel 1998, S. 129 f.). Wie erwähnt, ist an dieser Beschreibung der große Haken, dass Collins den Bericht zum Teil idealisierte, damit er der Theorie von Kilpatrick entsprach. So gingen diese Arbeits- und Lernprozesse nicht ausschließlich von den Schülerinnen und Schüler aus und der Lehrer lenkte sehr viel mehr als beschrieben das Unterrichtsgeschehen. Dennoch kann laut Gagel dieser in der Literatur immer wieder erwähnte Bericht als „Idealtypus" oder als eine „Veranschaulichung der Idee der Projektmethode von Kilpatrick" (Gagel 1998, S. 129) angesehen werden. Würde man dieses Projekt auf das Demokratie-Lernen beziehen, so könnte man die Solidarität mit den Mitschülern, das Kümmern um die Belange der kranken Familie und das – nach Abstimmungen in der Klasse – gemeinsame Vorgehen zumindest als soziales Lernen oder als Demokratie Lernen auf der Ebene der Lebensform bezeichnen. Ein Problem war (laut Bericht) für die Kinder entstanden, ohne dass der Lehrer eine problemorientierte Einführung in den Sachverhalt geben musste. Das Problem war schon da und wurde von den Kindern als solches entdeckt. Demokratie als Gesellschaftsform kommt in diesem Projektbeispiel insofern vor, als die Schülerinnen sich bürgerschaftlich für die Familie engagierten, sich bei anderen Gruppen (bei modernen Haushalten und der Gemeinde) informierten, diskutierten und mit diesen eine Lösung des Problems anstrebten. Sie gingen mit ihrem Problem an die Öffentlichkeit und machten es somit zu einem gesellschaftlichen Problem. Die dritte Ebene der Demokratie als Herrschaftsform wird in diesem Projektbeispiel nur ansatzweise gestreift, indem die Schülerinnen und Schüler bei der Gemeindeverwaltung nach der Fliegenbekämpfung fragten, wobei sie (vielleicht nebenbei) etwas über die Verwaltungsstrukturen, die Zuständigkeit und den Aufbau der Gemeindeverwaltung erfuhren. Ein weiteres Lernen in den Politikdimensionen politics, polity oder policy fand allerdings nicht statt.[1] Ein politisches Lernen, das politische Urteilsbildung zum Ziel hat, kann in diesem „idealtypischen Projekt" also nur ansatzweise ausgemacht werden. Die Frage ist, ob ein solches Projekt ein demokratisches oder politisches Projekt genannt werden kann und ob projektorientiertes Lernen immer schon demokratisches Lernen ist.

Es sollten während des projektorientierten Arbeitens innerhalb der politischen bzw. demokratischen Bildung wenn möglich alle drei Ebenen des Demokratie-Lernens präsent sein. Damit wird gewährleistet, dass das Projektlernen nicht in der Lebensform stecken bleibt und die beiden weiteren Formen dann vom konventionellen Politikunterricht geleistet werden müssen. Im folgenden Beispiel (vgl. Reinhardt 2005a) können alle drei Ebenen des Demokratie-Lernens ausgemacht werden:

Schülerinnen und Schüler geben mit ihrer Betroffenheit nach einem Angriff auf einen Asylbewerber in ihrer Gemeinde den ersten Impuls für ein Projekt und organisieren eine Demonstration mit Lichterkette gegen Ausländerfeindlichkeit durch das Zentrum ihrer Stadt, an der sich dann mehrere hundert Menschen beteiligen. Sie laden dazu mehrere andere Schulen des Schulkreises ein. Zehn Schulen betei-

---

[1] Es ist nicht überliefert, ob die Schülerinnen und Schüler bei ihrer Gemeindeexkursion Informationen zur Seuchenbekämpfung der Regierung oder andere politische Informationen erhielten, was die Ebene der Demokratie als Herrschaftsform bzw. politisches Lernen impliziert hätte.

ligen sich schließlich an der Aktion und organisieren eine stille Lichterkette durch die Innenstadt. Innerhalb von zwei Monaten planen die Schülerinnen und Schüler die Demonstration, werben bei Banken, Druckereien und Medien um Unterstützung, erstellen und verteilen Flyer und Plakate und besorgen hunderte von Kerzen für die Lichterkette. Die Schülerinnen und Schüler lernen durch dieses Projekt während verschiedener kognitiver Reflexionsphasen, die der Politiklehrer in den Unterricht einfließen lässt, zum einen die Problematik von Asylsuchenden und die entsprechende Asylpolitik auf unterschiedlichen Ebenen kennen (Herrschaftsform). Zum anderen setzen sich die Schülerinnen und Schüler mit weiteren gesellschaftlichen Gruppen auseinander, stoßen bei diesen Gruppen mit ihrem Vorhaben oft auf Ablehnung, müssen ihren Standpunkt sachlich und fachlich artikulieren und versuchen andere Schulen, Bürgerinnen und Bürger und Organisationen von ihrem Ansinnen zu überzeugen (Gesellschaftsform). Die Organisation des Projektes liegt weitgehend in den Händen der Schülerinnen und Schüler, die miteinander in demokratischen Verhandlungen, Abstimmungen und Entscheidungen ihr Vorgehen planen (Lebensform).

Auch schon in Primarschulen ist es möglich, Schülerinnen und Schüler in wirkliche Entscheidungsprozesse mit einzubeziehen: Eine Gruppe von Primarschülerinnen und -schüler möchte mitentscheiden, wie ihr neues Schulhaus heißen soll. Sie führen bei ihren Mitschülerinnen und -schülern Umfragen durch. Als sie die häufigsten Namensnennungen dem Schulleiter übergeben, erklärt er, dass nicht er, sondern der Gemeinderat zuständig sei. In Gesprächen mit dem Bürgermeister und während eines Besuches einer Gemeinderatssitzung (in der unter anderem die Vorschläge der Schülerinnen und Schüler diskutiert werden) erfahren die Schülerinnen und Schüler sehr viel über die Entscheidungsprozesse der Politik vor Ort.

Selbstverständlich müssen Schülerinnen und Schüler auch immer auf den möglichen „Misserfolg" solcher Projekte hingewiesen und vorbereitet und das Gelingen eines Projektes nicht mit der Verwirklichung des „politischen Ziels" gleichgesetzt werden. Wie sich anhand dieser Beispiele zeigen lässt, ist das projektorientierte Arbeiten von seiner Lehr-/Lernstruktur der Einheit von Denken und Handeln prädestiniert, auf allen drei Demokratieebenen zu lernen.

Zur Verdeutlichung der Verquickung dieser drei Ebenen wird hier auf ein Didaktikdilemma hingewiesen und Möglichkeiten zu dessen Lösung vorgestellt, die als Begründungszusammenhang für obige Beispiele dienen sollen. Denn sehr häufig werden der Fachunterricht Politik und das projektorientierte Lernen losgelöst und unbeeinflusst voneinander betrachtet.

2.4 Das Didaktikdilemma der politischen Bildung

In der Politikdidaktik wird seit längerem darüber debattiert, ob das (häufig projektorientierte) Demokratie-Lernen auf der Stufe der Lebensform oder das Politik-Lernen (auf der Stufe der Gesellschafts- und vor allem der Herrschaftsform) in den Mittelpunkt der politischen Bildung rücken soll (vgl. z. B. Massing 2002; Pohl 2004; Detjen 2002; Breit und Eckensberger 2004; Himmelmann 2001).

Man kann in diesem Zusammenhang von einem Didaktikdilemma der politischen Bildung sprechen, da bisher beide Auffassungen als schwer vereinbar gelten. Dieses Dilemma soll nun kurz umrissen werden:

Das Unterrichtsfach Politik ist, wenn es herkömmlich unterrichtet wird, ein eher unbeliebtes Fach, nach Nonnenmacher (1996, S. 182) ist der Politikunterricht sogar „eines der am schlechtesten reputierten Unterrichtsfächer" und interessiert die Jugendlichen oftmals wenig aufgrund der hohen Komplexität und der Realitätsferne in Bezug auf den Unterrichtsgegenstand, also die Politik auf der Staatsebene.[2] Massing (1999, S. 154) konstatiert: „Bei der Einschätzung der aktuellen Lage der politischen Bildung in unserer Gesellschaft besteht weitgehend Übereinstimmung: marginalisiert, unangemessen, unzureichend". Im Unterrichtsalltag dominieren nach wie vor Institutionenkunde und kognitive Wissensvermittlung, wie Kötters-König (vgl. Krüger 2002) feststellt, eine Autorin der so genannten Sachsen-Anhalt-Studie: Der Politikunterricht sei in der Praxis stofforientiert und eng geführt. Darauf ließen „die erkennbaren Verfahren des Lehrervortrags und des Abfragens von Wissen schließen, so das Ergebnis der Schülerbefragung. Inhalt und Kommunikation in einem derartigen Unterricht (würden) fast ausschließlich vom Lehrer bestimmt" (Kötters-König 2001, S. 7).

Auf der anderen Seite, und das ist der zweite Teil des Dilemmas, sind Schülerinnen und Schüler zwar häufig von der Durchführung von Projekten im Bereich der Demokratie auf der Mikroebene, auf der Ebene der Demokratie als Lebensform überzeugt und begeistert (vgl. Förderprogramm 2002). Sie können allerdings diese konkret gemachten Demokratie-Erfahrungen nicht auf das politische oder demokratische System, auf die Herrschafts- bzw. Staatsform übertragen oder gar anwenden. Pohl (2004, S. 2) spricht in diesem Zusammenhang von der Gefahr einer „falschen Parallelisierung von lebensweltlicher Demokratie und demokratischer Politik". Ohne Zweifel setzt der Prozesscharakter der Projekte und die Möglichkeit, demokratische Prozesse im Nahraum mitzugestalten, bei den Lernenden ein

---

[2] Vgl. die beiden Shell Studien von 2000 und 2002. Tietgens gibt unter anderem der Politikwissenschaft die Schuld, dass politische Bildung immer mehr aus Institutionenkunde und weniger aus demokratischen Prozessen der Teilnehmer besteht (vgl. Tietgens 1987, S. 21).

hohes Maß an Kreativität und Engagement frei und es ist in der Regel ein großes Interesse der Schülerinnen und Schüler bei der Mitarbeit zu verzeichnen, bei der Selbsttätigkeit, eigenständiges Lernen und Handeln im Mittelpunkt stehen (vgl. Förderprogramm 2002; Beutel und Fauser 2001). Viele Projekte haben aber keine oder wenige Bezüge zur „großen institutionellen Politik", weder in Form der Bildung eines rationalen politischen Urteils noch im direkten Kontakt mit politischen Akteuren, was bedeutet, dass in diesen Demokratie-Projekten die Politik außen vor bleibt. Laut Breit und Eckensberger (2004, S. 10) müsste aber ein Übergang von gemeinschaftlichen Interaktionen zu gesellschaftlichen Systemfunktionen erreicht werden, was „einem Wechsel von der Polisorientierung hin zu einer Gesellschafts- oder Staatsorientierung" entspricht. Pohl (2004, S. 12) fordert in diesem Zusammenhang „echte Brücken zwischen der Lebenswelt der Schülerinnen und Schüler und dem demokratischen politischen System".

Schülerinnen und Schüler können bislang den Transfer von ihren überschaubaren und konkreten Projekten – in denen sie in Projektform Politik oder Demokratie auf der Mikroebene erfahren haben – zu einem Interesse an der „institutionellen Politik" nicht leisten, da sie zwischen ihren oft zeitlich befristeten und aus dem Zusammenhang gerissenen Aktionen und dem politischen bzw. demokratischen System keine gemeinsamen Ansatzpunkte finden. Die Projekte entstehen dann in einem pädagogischen Schonraum, in einem Moratorium, und haben keinen oder nur geringen Kontakt zur Politik. Das bedeutet, dass sich Schülerinnen und Schüler zwar für konkrete Projektideen im Bereich des Demokratie-Lernens als Lebensform begeistern können, sich aber nicht für Politik interessieren und nicht motiviert sind, sich beispielsweise mit verschiedenen Policy-Bereichen zu beschäftigen. Sie sind häufig ebenso enttäuscht von den Parteien und Politikern wie die Nicht-Engagierten (vgl. Shell 2000, S. 275 ff.). Die Spannung zwischen Demokratie als Lebensform und Demokratie als Staatsform kann beschrieben werden als „Kluft zwischen Gemeinschaft und Gesellschaft (und Staat, Anm. die Verfasser), Mikro- und Makroebene, Moral und Recht, Lebenswelt und System sowie informalen und formalen Institutionen" (Breit und Eckensberger 2004, S. 7).

Dieses Dilemma ist durch die bisherige Praxis der voneinander losgelösten Fachkunde – also der eigentliche Politikunterricht, der sich vor allem auf kognitive Wissensvermittlung bezieht – auf der einen und demokratische Projektideen auf der anderen Seite, nicht zu bewältigen.

2.5 Politikvernetzte Projektarbeit als Strategie

Aus den bisherigen Überlegungen wird deutlich, dass weder ein in der Praxis häufig vorkommender konventioneller Fachunterricht Politik noch aneinander gereihte, manchmal zusammenhanglose und nur für einen kurzen Zeitraum begrenzte Einzelprojekte auf der Ebene der Demokratie als Lebensform das Ziel eines umfassenden Demokratie-Lernens sein können. Vielmehr sollten Schülerinnen und Schüler

- sich erstens Wissen über demokratische und politische Prozesse aneignen und sich ein komplexes politisches Urteil bilden können,
- zweitens eigenständig im demokratischen Miteinander in Projektform arbeiten können
- und drittens in Projekten mitarbeiten, die nicht nur den Nahraum Schule, sondern Felder der Demokratie und Politik auf der Ebene der Herrschaftsform betreffen (zumindest sollten sie reflexiv auf der kognitiven Ebene, vielleicht aber auch auf der Handlungsebene damit konfrontiert werden), um Einblick und Erfahrungen zu gewinnen in die komplexen Strukturen des politischen Systems. Damit wird eine Politik- und Demokratievernetzung der Projekte erreicht.

Während die ersten beiden Anforderungen die Ideen der kognitiven Wissensaufnahme und der Projektarbeit vereinen, geht der dritte Punkt über die bislang publizierten Ansätze hinaus, indem er neben dem Fachunterricht nicht nur das traditionelle Rollenverständnis zwischen Lehrenden und Lernenden zugunsten der Schaffung demokratischer Umgangsformen (Mit- und zunehmende Selbstbestimmung der Lernenden) überwindet und Leben, Denken, Tun, Handeln und Wissen sowie Schule und außerschulische Wirklichkeit miteinander verbindet,[3] sondern ganz konkret eine Auseinandersetzung der Schülerinnen und Schüler mit demokratischen und politischen Prozessen, Institutionen und Verantwortlichen fordert. Gelingt diese Auseinandersetzung mit realer Politik, so kann man davon ausgehen, dass eine politische Sozialisation erfolgreich verläuft, da das politische Interesse und die Motivation, sich mit Politik auseinanderzusetzen, vermutlich steigen werden.

Das bedeutet, dass Schule bzw. Schülerinnen und Schüler Handlungs- und Entscheidungsprozesse der Politik reflektieren und vielleicht auch zu einem kleinen Teil beeinflussen. Es handelt sich dann um politikvernetzte Projekte, in denen De-

---

[3] Dies sind wichtige Gesichtspunkte der Projektarbeit von Dewey (vgl. Kaminski 1999, S. 358).

2 Theoretischer Hintergrund

mokratie auf der Ebene der Lebensform mit Demokratie auf der Ebene der Gesellschafts- und Herrschaftsform verknüpft werden.

Eine solche politikvernetzte Projektarbeit lässt sich unterschiedlich repräsentieren:

- Während eines Projektes sollten immer wieder Bezüge zum politischen System geschaffen werden. Diese Bezüge müssen kognitiv reflektiert werden. Wenn Demokratie auf der Ebene der Lebensform beispielsweise im Rahmen eines Klassen- oder Schülerrates vorkommt, so sollten diese „mikrodemokratischen" Anlässe genutzt werden, die Gemeinsamkeiten, aber auch besonders die Unterschiede dieses Rates zu parlamentarischen Entscheidungsprozessen der institutionellen Politik herzustellen.
- Es können Projekte und Programme an Schulen initiiert werden, bei denen politische Entscheidungsträger außerhalb der Schule eingebunden werden, damit die Schülerinnen und Schüler Politik reflektieren und eventuell sogar ein Stück weit in Politikprozesse eingreifen.
- Aufgaben oder „Forschungsaufträge" aus dem kommunalpolitischen Bereich können vom Gemeinderat an Schulen, einzelne Schulklassen oder Arbeitsgemeinschaften vergeben und dort bearbeitet werden. Es kann sich hier beispielsweise um Umfragen handeln, die Schülerinnen und Schüler bei anderen Jugendlichen aus ihrem Ort durchführen, wenn es darum geht, welche jugendspezifischen Veränderungen vom Gemeinderat in den nächsten Jahren im Ort durchgeführt werden sollen. Wichtig ist dafür, dass die Schülerinnen und Schüler nicht nur die Befragung übernehmen, sondern dass sie sich danach auch in Bürgersprechstunden, bei Gemeinderatssitzungen oder in der Presse für die von ihnen herausgefundenen Präferenzen einsetzen und den einmal ins Rollen gebrachten politischen Prozess bis zur (eventuell teilweisen) Verwirklichung (oder auch bis zum Scheitern) aktiv mit verfolgen und mit gestalten. Dann verliert ein Projekt seinen bruchstückhaften Charakter und entwickelt sich zu einem Demokratie- bzw. Politik-Lernen, das nicht losgelöst ist von realen politischen und demokratischen Prozessen. Dafür müssen in diesen Projekten immer wieder die Funktionen, Aufgaben und Probleme der politischen Organe vor Ort reflektiert werden.
- Schülerinnen und Schüler lernen in solchen Projekten, „wie hochgradig verflochten die einzelnen Politikmaterien, wie vernetzt die einzelnen Ebenen des Entscheidungsprozesses sind" (Himmelmann 1998, S. 57). Sie entwickeln Lösungsvorschläge für konkrete und sie angehende „Policy-Bereiche" und begleiten aktiv den politischen Prozess, den diese Politikfelder dann in politischen Institutionen durchlaufen; damit lernen Schülerinnen und Schüler während ihrer

Problemlösung die komplexen politischen und demokratischen Abläufe kennen und sind dabei handelnd beteiligt.
- Schülerinnen und Schüler erfahren dadurch, dass sie nicht außerhalb der politischen Prozesse und Systeme stehen, was die konstruktive Auseinandersetzung mit Politik und Demokratie erhöht.
- Die Diskrepanz zwischen Politikern und Parteien auf der einen und „kleinen Bürgern" und Schülern auf der anderen Seite kann damit verringert werden.

Das Ziel einer solchen politikvernetzten Projektarbeit sollte sein, die Dichotomie politisch-demokratischer Bildung als Fach oder Prinzip aufzulösen. Es muss vielmehr eine Verbindung von Fachunterricht, Projektunterricht und realer Politik-Erfahrung entstehen. Gerade dadurch kann bei Schülerinnen und Schüler ein längerfristiges Interesse und nachhaltiges Lernen[4] von demokratischen und politischen Prozessen gefördert werden. Demokratie-Lernen und Politik-Lernen in der Schule muss alle Ebenen berücksichtigen, wenn Schülerinnen und Schüler mündige Staatsbürgerinnen und -bürger werden sollen: Politikvernetzte Projektarbeit sollte „motivierend wirken für partizipative Verfahren und gleichzeitig aufzeigen, wo die Grenzen interaktiver Konfliktlösungsmechanismen in komplexen Gesellschaften verlaufen, d. h. sie sollte die Polisperspektive mit funktionalen und rechtsstaatlichen Prinzipien gesellschaftlicher Steuerung vermitteln" (Breit und Eckensberger 2004, S. 6).

2.6 Empirische Forschung in der Schweiz zu politischen Einstellungen und zu Politik-Interesse von Jugendlichen

Was die Forschungslage in der Schweiz zu politischen Einstellungen und zu Politik-Interesse von Jugendlichen anbelangt, so sind bislang nur wenige empirische Studien in diesem Themenbereich entstanden. Einen ersten Überblick bietet Biedermann (2007, S. 28 ff.), der für die Schweiz fünf größere und wenige kleinere Studien zu politischem Wissen, politischen Einstellungen und zu Politik-Interesse eruiert und zusammengefasst hat. Er konstatiert, dass quantitativer Forschung in der Politischen Bildung bislang ein eher geringer Stellenwert zugemessen wird (Biedermann 2007, S. 29).

Die wenigen relevanten Studien, die in der Schweiz bisher erschienen sind, sollen hier als Überblick dargestellt werden (vgl. Reinhardt 2012). Die IEA-Studie

---

[4] Zur Nachhaltigkeit im politischen Bildungsbereich vgl. Moegling 2001.

2 Theoretischer Hintergrund

„*Civic Education*" ist das Forschungsprojekt, das in den letzten Jahren am meisten Beachtung gefunden hat (vgl. Torney-Purta et al. 2001). Basierend auf Vorstudien einiger teilnehmender Länder zur Situation der politischen Bildung stellten dabei die drei Themen „Demokratie: Grundlagen, Institutionen und Praktiken", „nationale Identität, regionale und internationale Beziehungen" sowie „sozialer Zusammenhalt und Heterogenität" die Grundlagen dar, welche in Bezug auf die Bereiche Wissen, Verstehen, begriffliches Verständnis, Einstellungen sowie gegenwärtige bzw. künftig zu erwartende politische Praxis erfasst wurden. In der Erhebung der 14-jährigen wurden zusätzlich die Lehrpersonen bezüglich ihrer fachspezifischen Aus- und Weiterbildung, der in den Unterricht getragenen Inhalte, der Unterrichtsvorbereitung und -umsetzung, der Zielsetzung sowie des Stellenwertes politischer Bildung befragt (Biedermann 2007, S. 29 f.).

Diese Studie hat zu Tage gebracht, dass (auch) in der „Musterdemokratie" Schweiz, also trotz demokratischer Tradition und Praxis, die Vorbereitung der nachfolgenden Generation auf die Rolle als aktive Staatsbürgerinnen und -bürger keineswegs als optimal gelungen betrachtet werden kann. Zusammenfassend zeigte sich in dieser Untersuchung,

- dass 14–15-jährige Schülerinnen und Schüler aus der Schweiz im internationalen Vergleich (28 Länder) über ein durchschnittliches politisches Wissen verfügen, das Konzept von Staatsbürgertum und damit verbunden die Aufgaben und Pflichten der Staatsbürgerinnen und -bürger als wenig bedeutsam einstufen, nur geringes politisches Interesse äußern, wenig gesellschaftliches Engagement zeigen sowie kaum Bereitschaft äußern, sich in Zukunft politisch zu engagieren (vgl. Oser und Biedermann 2003);
- dass 17–18-jährige junge Menschen aus der Deutschschweiz im internationalen Vergleich (14 Länder) ebenfalls geringes Interesse an Politik äußern, wenig Bereitschaft an zukünftigem politischem Engagement zeigen und (eher) negative Einstellungen gegenüber Migrantinnen und Migranten sowie der eigenen Nation offenbaren, dass sie jedoch – auch im Vergleich mit den 14–15-Jährigen der Deutschschweiz – über ausgeprägtes politisches Wissen verfügen, die Rollen und Pflichten von Staatsbürger/innen als wichtig einstufen, sich durchschnittlich für gesellschaftliche Belange engagieren und überaus hohes Vertrauen in staatliche sowie politische Instanzen besitzen (vgl. Amadeo et al. 2002; Biedermann 2005).

In einem nationalen Zusatzprojekt der IEA-Studie Civic Education konnte gezeigt werden, dass bei 17- bis 18-jährigen Jugendlichen aus der Deutschschweiz vielfältige Wechselbeziehungen zwischen Partizipationserfahrungen in alltäglichen Lebenswelten und Selbst- oder Sozialkompetenzen bestehen. Jedoch konnten (fast) keine Beziehungen zwischen partizipativem Erfahren und Aspekten politischer Identität (Konzepte, Einstellungen, Wissen, Interesse, Engagement) festgestellt werden (vgl. Biedermann 2006).

Eine weitere IEA-Vergleichsstudie zur politischen Bildung wurde 2006 beschlossen und wiederum ist die Schweiz an dieser Studie beteiligt. Es werden in dieser so genannten ICCS-Studie (International Civic and Citizenship Education Study) die Kernbereiche a) politische Gesellschaft und Systeme, b) politische Prinzipien, c) politische Partizipation und d) politische Identität definiert (vgl. Biedermann und Reichenbach 2009, S. 875). Diese Kernbereiche werden in Bezug auf die Itemtypen 1) Werte und Überzeugungen, 2) Einstellungen, 3) Verhaltensabsicht und 4) Verhalten sowie 5) Wissen und 6) Schlussfolgerungen bzw. Interpretation politischer Informationen operationalisiert und in Testhefte und Fragebogen überführt (vgl. Biedermann und Reichenbach 2009, S. 875).

Die ersten Ergebnisse wurden Ende 2010 in einem Bericht zusammengeführt (vgl. Biedermann 2010). Danach liegen die untersuchten 14 bis 15-jährigen Schülerinnen und Schüler der Schweiz im politischen Wissen und Verstehen mit 531 Punkten bedeutsam über dem internationalen Mittelwert von 500 Punkten (Biedermann 2010, S. 83). Auf der anderen Seite muss aber konstatiert werden, dass jeder vierte Befragte über ungenügendes politisches Verstehen verfügt. Im Vergleich jener Länder, welche bereits 1999 an der internationalen Vergleichsstudie zur politischen Bildung teilgenommen haben, schneidet die Deutschschweiz wiederum nur unterdurchschnittlich gut ab. Nicht das Ergebnis hat sich somit zehn Jahre später verbessert, sondern die Vergleichsgruppe (v. a. neue Teilnehmerländer aus Osteuropa, Asien und Mittel- und Südamerika sind nun vertreten) gestaltete sich anders (vgl. Biedermann 2010, S. 83). Zusammenfassend kommt die Studie zu folgenden Ergebnissen:

- In der Studie erzielen Schülerinnen und Schüler ohne Migrationsgeschichte höhere Leistungen als solche mit Migrationshintergrund, ebenfalls bessere Leistungen haben Kinder von Eltern mit hoher beruflicher Stellung, sowie von Eltern mit Interesse an sozialen und politischen Themen.
- Liegt das Vertrauen in Gerichte und Polizei, aber auch in die nationale Regierung und den Gemeinde- oder Stadtrat mit Zustimmungen von 69 und 74 % durchschnittlich hoch, so fällt dieses Vertrauen in Bezug auf die politischen Parteien mit einer Zustimmung von nur knapp über 50 % bedeutend tiefer als der ICCS-Durchschnitt aus. In der Nähe des internationalen Mittelwerts liegt die Einstellung zum eigenen Land.

- Wie in allen Ländern, so zeigt sich auch in der Schweiz die Einstellung gegenüber gleichen Rechten von Frauen und Männern positiv, bei den Mädchen bedeutend positiver als bei den Jungen. Das Ergebnis der Schweiz liegt auch auf diesem hoch ausgeprägten Niveau noch bedeutend über dem internationalen Durchschnitt.
- Umgekehrt zeigt sich die Einstellung gegenüber gleichen Rechten von Migrantinnen und Migranten als tief; die Schweiz befindet sich im untersten Bereich des Ländervergleichs, bedeutend unter dem internationalen Mittelwert. Auch hier zeigt sich ein bedeutsamer Geschlechterunterschied: die Jungen lehnen derartig gleiche Rechte noch deutlicher ab als die Mädchen.
- Die Schülerinnen und Schüler in der Schweiz erzielen auf beiden Skalen „Interesse an Politik und sozialen Themen" und „Beteiligung an Gesprächen und Diskussionen über politische und soziale Themen" im internationalen Vergleich nur mittelmäßige Werte. Obwohl die Gemeindepolitik den Lebensraum der Jugendlichen direkt betreffen und ihnen damit näher liegen würde, bekunden sie am meisten Interesse für politische und soziale Themen auf Landesebene (vgl. Biedermann 2010, S. 60 ff.).
- Die Schweizer Schülerinnen und Schüler haben eher ein geringes Zutrauen in die eigenen politischen Fähigkeiten. Sie trauen sich beispielsweise eher nicht zu, den eigenen Standpunkt zu einem brisanten politischen oder sozialen Thema zu verteidigen, ein Streitgespräch über ein brisantes Thema im Fernsehen mitzuverfolgen oder vor der Klasse über ein soziales oder politisches Thema offen zu sprechen.
- Sowohl innerhalb als auch außerhalb der Schule zeigen die Schweizer Schülerinnen und Schüler im Vergleich mit dem ICCS-Durchschnitt geringeres Engagement hinsichtlich der Mitarbeit in Organisationen und Gruppen. Die prozentual größten Beteiligungen erfahren Aktivitäten im Dienste sozialer Zwecke (z. B. für einen guten Zweck Geld sammeln). Hinsichtlich einer zukünftigen Beteiligung an nationalen Wahlen liegen die Schweizer Jugendlichen mit 70 % Zustimmung beinahe am unteren Ende des Ländervergleichs; was aber immerhin die tatsächlichen Wahlbeteiligungen an National- und Ständeratswahlen in der Schweiz noch deutlich übertrifft. Aber auch hinsichtlich eines zukünftigen Engagements an intensiveren Formen formaler Politik (so z. B. einer Partei beitreten, eine Kandidatin/einen Kandidaten aktiv unterstützen) liegt die Schweiz unter dem internationalen Mittelwert und deutlich im ablehnenden Bereich (Biedermann 2010, S. 83 f.).

Einstellungs- oder Wissensfragen zu Europa oder zur EU kommen in den IEA-Studien bislang so gut wie nicht vor. Insgesamt kann nur eine Studie für die Schweiz ausgemacht werden, die sich explizit mit Einstellungen und Interesse in Bezug auf Europa beschäftigte (vgl. Stamm 2007).

Eine neuere Studie wurde im Rahmen eines Schweizerischen Nationalfondsprojekts zur „Entwicklung der politischen Kognitionen" durchgeführt (vgl. Oser et al. 2005). Als wesentliches Resultat dieser Studie kann festgehalten werden, dass klare Entwicklungstendenzen bezüglich unterschiedlicher Aspekte der politischen Kognition auftreten, dass Wissen, Alter, Bildung und sozioökonomischer Status einen wesentlichen Einfluss auf die Demos- und Ethnosorientierung haben und dass die größten Entwicklungsschübe im Alter von 16/17 Jahren stattfinden. Es konnte in dieser Studie gezeigt werden, dass vermehrtes (politisches) Wissen und höhere Bildung mit einer Zunahme der Demosorientierung und einer Abnahme der Ethnoszentrierung (Überheblichkeit, Nationalstolz) zusammenhängen (vgl. Oser et al. 2005, S. 129). In einer Zusatzstudie zu diesem Nationalfondsprojekt konnten mittels Clusterzentrenanalyse vier verschiedene Ethnos-Typen herausgelöst werden, die zwischen 18 und 30 % der Gesamtstichprobe aufwiesen (vgl. Steinmann und Oser 2009, S. 14 ff.). Es waren dies der „stark ethnosorientierte Typ", der „leicht ethnosorientierte Typ", der „leicht ethnoszentrierte Typ" und der „stark ethnoszentrierte Typ", wobei Mädchen überzufällig häufig als „stark ethnosorientiert" und die Jungen als „stark ethnoszentriert" typisiert wurden und sich die Ethnoszentrierung mit zunehmendem Alter in Richtung Ethnosorientierung verschob. (vgl. Steinmann und Oser 2009, S. 19 f.). Eine in diesem Zusammenhang erstellte Lizentiatsarbeit an der Universität Freiburg (Heinzer 2007) ging der Frage nach, ob die Entwicklung des politischen Urteils zu messen sei und ob sich die Entwicklung des politischen Urteils messtheoretisch modellieren lasse und kam zum Schluss, dass es eine hohe Relevanz eines solchen Entwicklungsmodells des politischen Urteils gäbe und solche Messverfahren durchaus möglich wären (vgl. Heinzer 2007, S. 193 ff.).

Die im Rahmen der Eidgenössischen Jugend- und Rekrutenbefragungen durchgeführte 11. CH-X Studie stellte die Politische Bildung in den Mittelpunkt, wobei die durchschnittlich 20-jährigen Rekruten sowie weitere Personen derselben Alterskohorte (insbesondere Frauen) nach den politischen Orientierungen, Aktivitäten und Kenntnissen, dem politischen Interesse, der politischen Mündigkeit sowie dem politischen Unterricht in der Schule befragt und getestet wurden. Die Ergebnisse zeigen, dass das auf den staatlichen Bereich eingeschränkte politische Interesse gering ausfällt, die Kenntnisse mangelhaft sind, wenig Bereitschaft zu einem Engagement geäußert wird und das Vertrauen in politische Institutionen hoch ausfällt (Klöti und Risi 1991, zit. nach Biedermann 2007, S. 33). Bestätigung erhalten diese Ergebnisse nicht nur durch die oben aufgeführte IEA-Studie „*Civic Education*", sondern auch durch die jüngste CH-X Studie, in der wiederum politisches Wissen und Interesse analysiert wurden. 94 % der Befragten befürworteten in dieser Untersuchung die Gleichbehandlung von Mann und Frau. Die Befragten gestanden Migrantinnen und Migranten im Arbeitsbereich, in der Partnerwahl und im Lebensstil annähernd gleiche Rechte zu wie den Schweizerinnen und Schweizern, zeigten sich aber skeptischer, wenn es um das politische Mitspracherecht ging. Politisches Interesse und Wissen der jungen Erwachsenen erwiesen sich im Durchschnitt als relativ gering. Nur 5 % interessierten sich sehr stark für politische Belange, 24 % überhaupt nicht. Von den insgesamt neun Wissensfragen zu Politik konnte der Durchschnitt der Befragten nur vier richtig beantworten (vgl. Bieri et al. 2005). Nach den Autoren dieser Studie „zeigen sich nur 12 % der Befragten als politisch mündig, wenn damit das Vorhandensein von a) politischem Interesse, b) ausreichendem politischem Wissen und c) politischem Engagement bzw. Handeln gemeint werden soll" (Biedermann und Reichenbach 2009, S. 876).

Eine Masterarbeit, die an der PHZ Luzern geschrieben wurde (vgl. Hefti 2008), ging der Frage nach, welche Ein- und Vorstellungen Jugendliche und Lehrpersonen gegenüber Formen der Schülerpartizipation zeigten. Dafür wurden 107 Jugendliche und 132 Lehrpersonen der Zentralschweiz befragt. Als Ergebnis lässt sich festhalten, dass die Schülerinnen und Schüler den Unterricht grundsätzlich als demokratisch einschätzen, jedoch mit Vorbehalten in Bezug auf die Selbstbestimmung bzw. dem offenen Widerspruch gegen Lehrpersonen. Sie wünschten v. a. mehr Einfluss auf die konkrete Alltagsgestaltung. Der Vergleich mit den Lehrpersonen verdeutlichte, dass diese die Forderungen der Lernenden tiefer einschätzten und die bestehenden Möglichkeiten zur Mitsprache als recht positiv beurteilten, was eine Diskrepanz zwischen Fremd- und Selbstsicht zu Tage brachte (vgl. Hefti 2008).

Teil II
Einschätzungen von Schülerinnen und Schülern zu ihrem Politik-Interesse und Identifikation von Gruppen mit unterschiedlichem Politik-Interesse: Jürg Aeppli und Volker Reinhardt

Einführung und Fragestellungen

Jürg Aeppli und Volker Reinhardt

Die Fragestellung für diesen Teil II lautet, wie interessiert Sekundarstufenschülerinnen und -schüler an Politik sind. Dieser Hauptfragestellung soll zuerst einmal nachgegangen werden, in dem die Einschätzungen der Schülerinnen und Schüler zu verschiedenen Politik-Einzelaspekten deskriptiv dargestellt werden (s. Kap. 3.1 Einschätzung des Interesses an Politik). Diese deskriptiven Befunde sollen weiterführend analysiert werden, indem die Einschätzungen der Schülerinnen und Schüler bezüglich Interesse an Politik miteinander verglichen werden, um zu überprüfen, ob sich unter den Schülerinnen und Schülern „Politik-Interessens-Typen" bilden lassen (s. Kap. 3.2 Gruppen, die sich hinsichtlich Interesse an Politik voneinander unterschieden), d. h. es soll die Frage beantwortet werden, ob sich Gruppen von Schülerinnen und Schülern identifizieren lassen, bei denen innerhalb einer Gruppe möglichst ähnliche Ausprägungen bezüglich Politik-Interesse bestehen, die sich jedoch gegenüber den anderen identifizierten Gruppen unterscheiden.

J. Aeppli (✉)
Pädagogische Hochschule Luzern, Töpferstrasse 10, 6004 Luzern, Schweiz
E-Mail: juerg.aeppli@phlu.ch

V. Reinhardt
Politikwissenschaft, PH Weingarten, Weingarten, Deutschland
E-Mail: reinhardt@ph-weingarten.de

© Springer Fachmedien Wiesbaden 2015
V. Reinhardt (Hrsg.), *Jugend und Politik,* Politische Bildung,
DOI 10.1007/978-3-658-08272-7_3

3.1 Einschätzung des Interesses an Politik

Als erstes soll untersucht werden, wie Schülerinnen und Schüler ihr politisches Interesse an verschiedenen Politik-Einzelaspekten einschätzen. Die Politik-Einzelaspekte sind 8 verschiedenen Politik-Bereichen zugeordnet; diese Politik-Bereiche wiederum drei verschiedenen Themenkomplexen: Dem Themenkomplex „Politik-Interesse", dem Themenkomplex „politische Motivation" und dem Themenkomplex „politische Handlungsbereitschaft". Die Politik-Bereiche und Politik-Einzelaspekte lehnen sich dabei an die Studie von Biedermann (2006) und die „Civic Education Study" (Torney-Purta 2001), der „International Association for the Evaluation of Educational Achievement" (IEA) an.

Eine Übersicht über die Zuordnung dieser Politik-Bereiche und Einzelaspekte zu den drei Themenkomplexen „Politik-Interesse", „politische Motivation" und „politische Handlungsbereitschaft" ist in Abb. 3.1 aufgeführt. Zusätzliche Erläuterungen sind in Kap. 3.2, Erhebungsinstrument enthalten.

> **Fragestellung 1 lautet somit**
> Wie hoch ist das Interesse der Sekundarstufenschülerinnen und -schüler an verschiedenen Politik-Einzelaspekten?

3.2 Gruppen, die sich hinsichtlich Interesse an Politik voneinander unterscheiden

Fragestellung 1 soll weiterführend analysiert werden, indem nicht mehr das Interesse an Politik *aller* Schülerinnen und Schüler aufgeführt werden soll, sondern indem „Politik-Interessens-Typen" identifiziert werden, d. h. Gruppen von Schülerinnen und Schülern gebildet werden, bei denen innerhalb einer Gruppe möglichst ähnliche Ausprägungen bezüglich Politik-Interesse bestehen. Zwischen den Gruppen sollen aber möglichst große Unterschiede bezüglich Politik-Interesses bestehen.

Diese Analyse soll unter fünf verschiedenen Perspektiven erfolgen und dazu jeweils eine Fragestellung formuliert werden:

3 Einführung und Fragestellungen

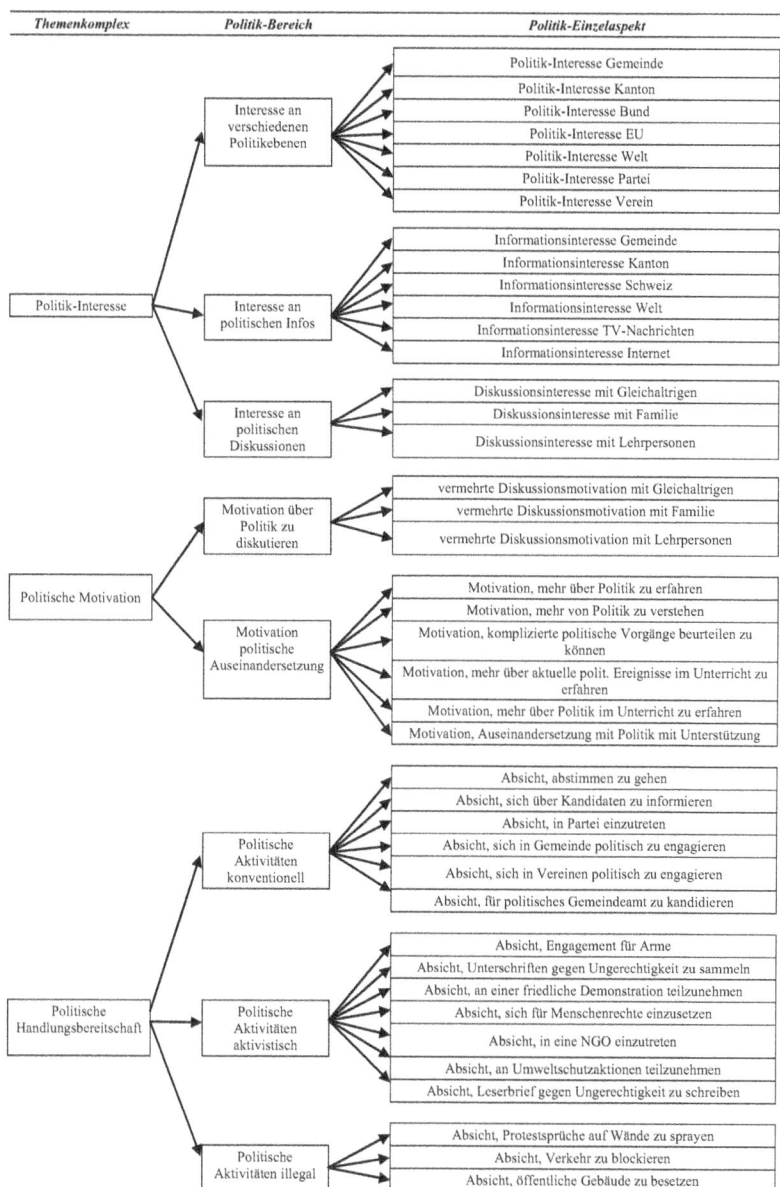

Abb. 3.1 Zuordnung der Politik-Bereiche und Einzelaspekte zu den drei Themenkomplexen „Politik-Interesse", „politische Motivation" und „politische Handlungsbereitschaft"

- Identifikation von Gruppen von Schülerinnen und Schüler, die sich im Gesamt-Interesse an Politik hinsichtlich Politik-Bereichen voneinander unterscheiden (Fragestellung 2),
- Identifikation von Gruppen von Schülerinnen und Schülern, die sich hinsichtlich Politik-Einzelaspekten innerhalb eines Politik-Themenbereichs voneinander unterscheiden (Fragestellung 3),
- Identifikation von Gruppen von Schülerinnen und Schülern, die sich hinsichtlich des Gesamt-Interesses an Politik auf unterschiedlichen Interessens- und Engagement-Ebenen voneinander unterscheiden (Fragestellung 4).
- Die in Abb. 3.1 enthaltene Zuordnung der Einzelaspekte zu Politik-Bereichen und die Zuordnung dieser Politik-Bereiche zu Themenkomplexen soll für die Beantwortung der Fragestellungen 2 und 3 beigezogen werden. Da sich in der Literatur aber auch andere Überlegungen zum Zusammenhang unterschiedlicher Politikebenen und Bereichen finden lassen, soll für Fragestellung 4 von einer anderen Zuordnung der Politik-Einzelaspekte zu verschiedenen Interessens- und Engagement-Ebenen der Politik ausgegangen werden.

3.2.1 Identifikation von Gruppen, die sich im Gesamt-Interesse an Politik hinsichtlich Politik-Bereichen voneinander unterscheiden

Es soll untersucht werden, ob Gruppen von Schülerinnen und Schülern identifiziert werden können, die sich hinsichtlich „Gesamtinteresse an Politik" voneinander unterscheiden. Für die Analyse sollen die acht folgenden Politik-Bereiche (s. Abb. 3.1) beigezogen werden: *Interesse an verschiedenen Politikebenen, Interesse an politischen Informationen, Interesse an politischen Diskussionen, Motivation über Politik zu diskutieren, Motivation politische Auseinandersetzung, politische Aktivitäten konventionell, politische Aktivitäten aktivistisch, politische Aktivitäten illegal.*

> **Die Fragestellung 2 lautet wie folgt**
> Können Gruppen von Schülerinnen und Schüler identifiziert werden, die sich im Gesamt-Interesse an Politik hinsichtlich Politik-Bereichen? voneinander unterscheiden?

3.2.2 Identifikation von Gruppen, die sich hinsichtlich Politik-Einzelaspekten innerhalb eines Politik-Bereichs voneinander unterscheiden

Mit Fragestellung 2 soll herausgefunden werden, ob sich bezüglich des Gesamt-Interesses an Politik unterschiedliche Gruppen identifizieren lassen. Da dazu die acht Politik-Bereiche beigezogen werden, die sich jeweils aus den arithmetischen Mittelwerten der Politik-Einzelaspekte zusammensetzen, muss damit gerechnet werden, dass durch diese Mittelwertbildung wichtige Informationen verloren gehen. Deshalb sollen für eine differenziertere Auswertung die Einschätzungen der Schülerinnen und Schülern zu den Einzelaspekten verwendet werden.

Um eine bessere Übersichtlichkeit zu erhalten und um einen Politik-Bereich genauer analysieren zu können, wird nachfolgend jeder Politik-Themenkomplex einzeln analysiert. Da drei Themenkomplexe (s. Abb. 3.1) bestehen, ergeben sich drei Unterfragestellungen:

Fragestellung 3.1
Können Gruppen von Schülerinnen und Schüler identifiziert werden, die sich innerhalb des Themenkomplexes „**Politik-Interesse**" in den Politik-Einzelaspekten voneinander unterscheiden?

Fragestellung 3.2
Können Gruppen von Schülerinnen und Schüler identifiziert werden, die sich innerhalb des Themenkomplexes „**politische Motivation**" in den Politik-Einzelaspekten voneinander unterscheiden?

Fragestellung 3.2
Können Gruppen von Schülerinnen und Schüler identifiziert werden, die sich innerhalb des Themenkomplexes „**politische Handlungsbereitschaft**" in den Politik-Einzelaspekten voneinander unterscheiden?

3.2.3 Identifikation von Gruppen, die sich hinsichtlich des Gesamtinteresses an Politik auf unterschiedlichen Interessens- und Engagement-Ebenen voneinander unterscheiden

Die vorgenommene Strukturierung des Politik-Interesses nach *Themenkomplex*, *Politik-Bereich* und *Politik-Einzelaspekt* (wie in Abb. 3.1, dargestellt) beruht auf theoretischen Überlegungen der „Civic Education Study", die von der „International Association for the Evaluation of Educational Achievement" (IEA, vgl. Torney-Purta 2001) herausgegeben wurde und auf Überlegungen, die sich an die Studie von Biedermann (2006) anlehnen.

In der Literatur finden sich aber auch andere Überlegungen zur Struktur unterschiedlicher Politikebenen und -Bereiche, die mit Politik-Einzelaspekten konkretisiert werden können. Die einzelnen Aspekte lassen sich damit auch anders ein- oder zuordnen. So kann in Anlehnung an Himmelmann (2002a) zwischen *gesellschaftspolitisch-kommunalpolitischem*, *sozialpolitischem* und *staatspolitischem Interesse* unterschieden werden, wie er mit seiner Unterscheidung in Demokratie als Lebens- Gesellschafts- und Herrschaftsform aufzeigt. Der aus den USA überkommene Diskurs über die Zivil- und Bürgergesellschaft hat nach Himmelmann in nachdrücklicher Weise aufgezeigt, dass die bisher recht etatistisch-vertikal interpretierte Demokratietheorie auch wieder in die gesellschaftliche Horizontale hinein verlagert und so verbreitert werden kann (vgl. Himmelmann 2002b, S. 23 ff.). Darüber hinaus ist die Aufspaltung in ein mikropolitisches und staatspolitisches Engagement laut Breit und Eckensberger notwendig. Diesen Unterschied beschreiben Breit und Eckensberger als „Kluft zwischen Gemeinschaft und Gesellschaft, Mikro- und Makroebene, Moral und Recht, Lebenswelt und System sowie informalen und formalen Institutionen" (Breit und Eckensberger 2004, S. 7). Sibylle Reinhardt (2009a) hat in ihrer jüngsten Metastudie in diesem Zusammenhang nachgewiesen, dass es zwischen Partizipation im Nahraum und Demokratie-Kompetenz auf Staatsebene deutliche Unterschiede und keinen selbstverständlichen Transfer gibt.

Diese theoretischen Überlegungen erlauben eine andere Einordnung der Politik-Einzelaspekte, die sich wie in Abb. 3.2 aufgeführt, zuordnen lassen.

> **Durch diese anders hergeleitete Zuordnung ergibt sich folgende Fragestellung**
> **Fragestellung 4:**
> Können Gruppen von Schülerinnen und Schüler identifiziert werden, die sich hinsichtlich der einzelnen Interessens- und Engagement-Ebenen

3 Einführung und Fragestellungen

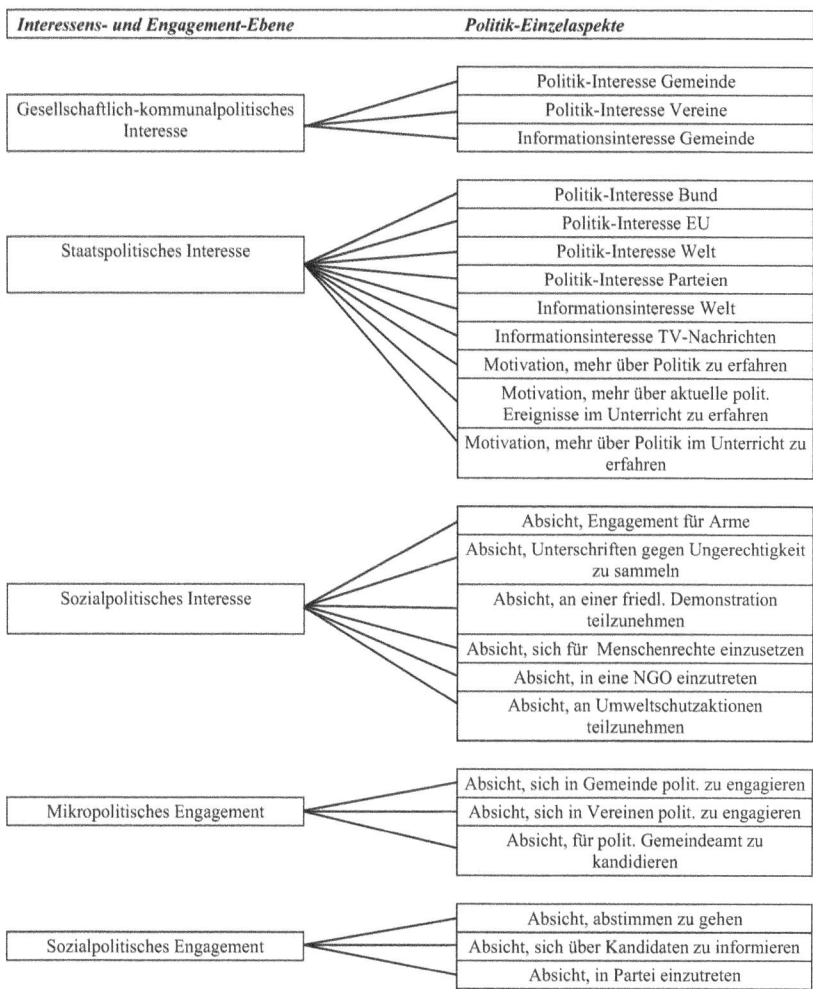

Abb. 3.2 Zuordnung der Politik-Einzelaspekte zu den fünf Interessens- und Engagement-Ebenen gesellschaftlich-kommunalpolitisches Interesse, staatspolitisches Interesse, sozialpolitisches Interesse, mikropolitisches Engagement und staatspolitisches Engagement

„gesellschaftlich-kommunalpolitisches Interesse", „staatspolitisches Interesse", „sozialpolitisches Interesse", „mikropolitisches Engagement" und „staatspolitisches Engagement" voneinander unterscheiden?

Methode

Jürg Aeppli und Volker Reinhardt

4.1 Stichprobe

Die Stichprobe besteht aus 310 Schülerinnen und Schülern aus insgesamt 15 Sekundarschulklassen von insgesamt 13 Gemeinden der Zentralschweiz und einer Gemeinde des Kantons Zürich. Die 15 beteiligten Lehrpersonen waren im Jahre 2007 im SL-Studiengang der Pädagogischen Hochschule Zentralschweiz Luzern eingeschrieben. Diese Lehrerinnen und Lehrer verfügen alle über einen Primarlehrerinnen- und -Lehrerabschluss oder über ein Diplom als Fachgruppenlehrkraft (Hauswirtschaft, Handarbeit, Sport, Musik) und erwerben sich durch eine Zusatzausbildung an der Pädagogischen Hochschule Zentralschweiz Luzern einen Mastertitel und ein Lehrdiplom als Stufenlehrperson der Sekundarstufe I. Das Lehrdiplom berechtigt zum Unterrichten in den gewählten vier Fächern an Klassen der Sekundarstufe I in der ganzen Schweiz. Diese Lehrpersonen gehen dabei teilzeitlich einer Unterrichtstätigkeit an einer Oberstufe nach (empfohlen max. 50 %-Pensum) und studieren daneben an der Pädagogischen Hochschule Zentralschweiz Luzern. Mit einem Studienumfang von 170–210 ECTS-Punkte erwerben sie das Lehrdiplom als Stufenlehrperson der Sekundarstufe I. Diese Studierenden mussten

---

J. Aeppli (✉)
Pädagogische Hochschule Luzern, Töpferstrasse 10, 6004 Luzern, Schweiz
E-Mail: juerg.aeppli@phlu.ch

V. Reinhardt
Politikwissenschaft, PH Weingarten, Weingarten, Deutschland
E-Mail: reinhardt@ph-weingarten.de

© Springer Fachmedien Wiesbaden 2015
V. Reinhardt (Hrsg.), *Jugend und Politik,* Politische Bildung,
DOI 10.1007/978-3-658-08272-7_4

im Rahmen zweier Modulanlässe der Pädagogischen Hochschule Zentralschweiz Luzern mit ihren Oberstufenklassen, die sie bereits unterrichten, „politikvernetzte Projekte" oder „Projekte ohne Bezug" durchführen. Die Schülerinnen und Schüler dieser Klassen bildeten die Stichprobe. In Tab. 4.1 sind soziodemographische Angaben der Schülerinnen und Schüler enthalten.

4.2 Erhebungsinstrument

Für die Beantwortung der Fragestellungen 1 bis 6 wurde ein Fragebogen eingesetzt, der aus mehreren Teilen besteht:

Im Hauptteil geben die Schülerinnen und Schüler ihre Einschätzungen zu den drei Themenkomplexen „Politik-Interesse", „politische Motivation" und „politische Handlungsbereitschaft" wieder. Diesen drei größeren Themenkomplexen wurden Bereiche und Einzelaspekte zugeordnet, die sich an die Studie von Biedermann (2006) und die „Civic Education Study" (Torney-Purta 2001) der „International Association for the Evaluation of Educational Achievement" (IEA) anlehnen. Auf diese Zuordnung der Politik-Bereiche und Einzelaspekte zu den drei Themenkomplexen „Politik-Interesse", „politische Motivation" und „politische Handlungsbereitschaft" wird nachfolgend eingegangen.

Tab. 4.1 Soziodemographische Angaben der befragten Schülerinnen und Schüler (n=307 bis n=310)

Geschlecht	Knaben	Mädchen					
	53.2%	46.8%					
Alter	11 Jahre	12 Jahre	13 Jahre	14 Jahre	15 Jahre	16 Jahre	17 Jahre
	1.6%	10.4%	30%	31.6%	18.9%	7.2%	0.3%
Staatsangehörigkeit	Schweiz	Spanien	Italien	Portugal	Aus dem ehem. Jugoslawien		Andere
	69.4%	1.6%	4.5%	1.9%	13.2%		9.4%
Stufe	1	2	3				
	43.2%	37.1%	19.7%				
Klassenniveau	Niveau A	Niveau B	Niveau C	Niveau C inkl. Niveau D		Nicht zuzuordnen	
	24.2%	30.3%	21.6%	13.9%		10.0%	
Bereits Politik im Unterricht gehabt	Ja					Nein	
	8 h	12 h	15 h	20 h			
	3.5%	12.9%	7.7%	5.5%		70.3%	

4 Methode

Diese Studie beschränkt sich auf die Untersuchung des politischen Interesses, der politischen Motivation und der politischen Handlungsbereitschaft von Sekundarstufenschülerinnen und schülern. Sie fokussiert nicht die politische Kompetenz, da aufgrund der inhaltlichen Offenheit von Projektarbeit zu viele verschiedene Projektthemen durch die Schülerinnen und Schüler aufgegriffen werden könnten und daher der vielschichtige Kompetenzzuwachs im politischen Bereich durch diese kleinere Studie nicht überprüft werden könnte.

Der Themenkomplex „Politik-Interesse" Wie aus Abb. 3.1 ersichtlich ist, besteht der Themenkomplex „Politik-Interesse" aus den drei Politik-Bereichen:

- Interesse an verschiedenen Ebenen der Politik,
- Interesse an Informationen über politische Themen
- Interesse an politischen Diskussionen

Unter *Interesse an Politik* vereinen sich dabei mehrere Einzelaspekte, nämlich das *Interesse an Politik auf verschiedenen regionalen bis internationalen Ebenen*, die *Mediennutzung für die Informationsbeschaffung* und *politische Diskussionen mit Familienangehörigen, Gleichaltrigen und Lehrpersonen*. Ihnen allen gemeinsam ist, dass sie eine Hinwendung zum Politischen im Sinne eines Offen-Seins für politische Belange zum Ausdruck bringen.

Der Begriff politisches Interesse bzw. Politik-Interesse hat zwar eine lange Tradition im Entstehungszusammenhang der modernen bürgerlichen Gesellschaft, dennoch existiert keine allgemein anerkannte Definition. Politisches Interesse wird daher als Arbeitsbegriff verwendet, der folgenden Sachverhalt repräsentieren soll: Politisches Interesse fragt danach, ob und wie stark die Jugendlichen sich mit dem politischen Geschehen selbst verwickeln, ob sie also ein grundsätzliches Interesse – ein mitten drin sein (vgl. Reinhardt 2005a, S. 39) – an verschiedenen Bereichen des Politischen haben. Politisches Interesse meint daher zum einen die Anteilnahme und Aufmerksamkeit für das politische Geschehen, zum anderen aber auch die Bereitschaft, sich mit politischen Sachverhalten auseinanderzusetzen.

Mit *Interesse an Politik auf verschiedenen Ebenen* wird das grundlegende Interesse der jungen Menschen an den weiten Bereichen des Politischen zum Ausdruck gebracht. Das Interesse an Politik soll aufgespaltet werden auf das Mehrebenensystem der Politik und auf verschiedene Policy-Bereiche, da es durchaus sein kann, dass sich Schülerinnen und Schüler zwar nicht für die Bundes- oder Europapolitik interessieren, sehr wohl aber für die Gemeindepolitik oder noch weiter gefasst für die Politik in Vereinen oder Verbänden.

Der Bereich *Mediennutzung zu politischen Themen* über das nationale und internationale Geschehen bringt zum Ausdruck, wie oft die jungen Menschen sich Informationen politischen Inhaltes anhand von Zeitungsartikeln, Fernsehsendungen und Internetseiten einholen.

Anhand der Politik-Bereiche *politische Diskussion mit Familienangehörigen, Gleichaltrigen und Lehrpersonen* wird die Intensität geführter Diskussionen politischen Inhaltes mit Eltern, Verwandten, Gleichaltrigen und Lehrpersonen aufgezeigt.

Die Einzelaspekte *zur politischen Diskussion mit Lehrpersonen* bringen die Häufigkeit geführter Diskussionen mit Lehrerinnen und Lehrern zum Ausdruck, nicht aber unbedingt das Interesse, mit den Lehrpersonen über Politik zu diskutieren. Folglich gilt es zu beachten, dass diese – insbesondere auf den Bereich der Schule bezogen – eventuell nur mittelbar unter den Vorzeichen von Freiwilligkeit geschehen und somit auch nicht unabdingbar als Ausdruck von politischem Interesse betrachtet werden können.

Der Themenkomplex „politische Motivation" Der Themenkomplex „politische Motivation" besteht aus zwei Politik-Bereichen: Dem Politik-Bereich Motivation, häufiger mit unterschiedlichen Gruppen über Politik zu diskutieren und dem Politik-Bereich Motivation, sich mehr mit politischen Sachverhalten auseinanderzusetzen.

Während das *politische Interesse* auf den Ist-Zustand gerichtet ist, also auf das aktuelle und vorhandene Interesse an Politik, ist die *Motivation für politische Diskussionen und Sachverhalte* in die unmittelbare oder mittelfristige Zukunft gelegt. Es geht hier also um einen gewünschten Zustand politischen Interesses. Politische Motivation zeichnet sich in diesem Verständnis dadurch aus, dass ein Jugendlicher gerne mehr über Politik erfahren, mehr von Politik verstehen bzw. mehr über Politik diskutieren will und politische Vorgänge besser beurteilen könnte. Dieser Konjunktiv „könnte" impliziert aber, dass bei positiver Beantwortung der Items sein jetziges Wissen, sein jetziges Interesse, Verständnis etc. dem Jugendlichen nicht ausreichend erscheint und er sich mehr davon wünschen würde. Dabei muss unterschieden werden zwischen wünschenswerten Kompetenzen, die er sich selbst erwerben und solchen, die er sich durch die Kompetenz anderer oder durch die Diskussion mit anderen (z. B. Lehrpersonen) aneignen kann. Was ihn davon abhält, mehr zu wissen, zu verstehen etc., kann in dieser quantitativen Befragung aufgrund der Vielschichtigkeit der möglichen Antworten nicht eruiert werden.

Der Politik-Bereich *Motivation, mit anderen über Politik zu diskutieren*, geht vom Wünschenswerten aus. Die Jugendlichen sollen hier nicht den Zustand ihrer Diskussionshäufigkeit beschreiben, sondern ihren Wunsch darlegen, in Zukunft mehr oder weniger über Politik zu diskutieren, und zwar getrennt nach dem Diskussionswunsch mit Gleichaltrigen, Eltern und Lehrpersonen. Weshalb Zustand und Wunsch eventuell auseinander klaffen, soll hier keine Rolle spielen. Dies bleibt der Interpretation der Forschenden sowie weiteren vertiefenden qualitativen Analysen vorbehalten.

Der Politik-Bereich *Motivation, sich mit politischen Sachverhalten reflexiv auseinander zu setzen*, geht nicht von einer gewünschten Diskussionszunahme aus, sondern vom Wunsch, selbst mehr von Politik verstehen zu wollen und selbst vermehrte politische Deutungskompetenz zu erlangen. Darüber hinaus sind die zugehörigen Items darauf gerichtet, mehr über Politik zu erfahren, also mehr Inputs durch verschiedene Bezugsgruppen zu erhalten. Diese Inputs implizieren, dass die befragten Jugendlichen weniger von Politik verstehen als andere und so diese Informationen (weniger im Austausch als vielmehr in vermittelnder Weise) erhalten.

Der Themenkomplex „politische Handlungsbereitschaft" Der Themenkomplex „politische Handlungsbereitschaft" besteht aus folgenden drei Politik-Bereichen: Dem Politik-Bereich *politische Aktivitäten konventioneller Ausrichtung*, dem Politik-Bereich *politische Aktivitäten aktivistischer Ausrichtung* und dem Politik-Bereich *politischer Aktivitäten illegaler Ausrichtung*.

Motivation ist Grundlage für eine Handlungsbereitschaft. Allerdings muss zum wünschenswerten der Motivation hin zur Volition der Rubikon zur politischen Handlungs- oder Aktivitätsbereitschaft überschritten werden, da nun nicht mehr ausschließlich das Gewünschte im Vordergrund steht, sondern direkte Umsetzungsmöglichkeiten erörtert werden. Ob es tatsächlich zu einem Handeln, zur Aktivität kommt, kann in diesem Zusammenhang nicht überprüft werden, da hier lediglich Bereitschaften aber nicht das (vielleicht in fernerer Zukunft stehende) Handeln in der Praxis im Zentrum stehen.

Der Politik-Bereich politische Aktivitätsbereitschaft und Wirksamkeitseinstufung politischer Handlungen fokussiert die Komponente aktiven politischen Wirkens, sei dies in einer direkten Zuwendung einer politischen Organisation oder generell einer Beteiligung an Prozessen politischer Entscheidungsfindung. Unter politischer Aktivitätsbereitschaft werden dabei zukünftig *beabsichtigte politische Aktivitäten* in *konventioneller, aktivistischer* und *illegaler Ausrichtung* unterschieden. Die Einschätzungen von Wirksamkeitserwartungen beziehen sich auf konventionelle sowie auf aktivistische oder illegale politische Aktivitäten.

Mit dem Politik-Bereich *beabsichtigte konventionell politische Aktivitäten in Zukunft* soll erhoben werden, wie aktiv die jungen Menschen ihre Rollen als Staatsbürgerinnen oder -bürger zu leben gedenken. Dabei ist diese Aktivität hier im Sinne eines verpflichtungsorientierten bis hin zu einem parteiorientierten Handeln und Verhalten zu verstehen.

Mit dem Politik-Bereich *beabsichtigte aktivistisch-politische Aktivitäten in Zukunft* wird eine Auslegung der politischen Rolle im Sinne von Bürgergesellschaft oder Bürgerengagement zum Ausdruck gebracht. Dabei steht insbesondere das sozial(politisch)e und aktive Motiv im Mittelpunkt.

Der Politik-Bereich *beabsichtigte illegale politische Aktivitäten in Zukunft* eröffnet schließlich die Absicht eines politischen Verhaltens durch illegale Aktivitäten. Basierend auf Zustimmungen zu Aussagen wie „*ich werde Protestsprüche auf Wände sprühen*" oder „*aus Protest öffentliche Gebäude besetzen*", wird diese Motivation zum Ausdruck gebracht.

Für jeden der Politik-Einzelaspekte wurde ein Item übernommen bzw. formuliert, zu dem die Schülerinnen und Schüler eine Einschätzung vornehmen mussten. Viele Items dieser drei Themenkomplexe basieren auf ausgewählten Items des IEA-Fragebogens (vgl. Torney-Purta 2001) sowie des von Biedermann entwickelten Fragebogens (vgl. Biedermann 2006). Einzelne Begriffe wurden sprachlich auf Schweizer Verhältnisse und Oberstufenniveau angepasst sowie inhaltliche Ergänzungen durchgeführt. Einzelne Items, bei denen es vor allem um die unterschiedlichen Ebenen der Politik geht (*Interesse an verschiedenen Politikebenen* und *Interesse an politischen Informationen*), wurden für die Studie neu entwickelt.

Für die Einschätzungen der Items stand den Schülerinnen und Schülern jeweils eine vierstufige Antwortskala mit den Ausprägungen „*trifft nicht zu*", „*trifft eher nicht zu*", „*trifft eher zu*" und „*trifft zu*" zur Verfügung. Die Anonymität für die teilnehmenden Schülerinnen und Schüler wurde erkennbar gewahrt, indem ausschließlich mit alphanumerischen Codes gearbeitet wurde.

Zudem wurden mit dem Fragebogen soziodemographische Merkmale erhoben und noch nach weiteren Einschätzungen im Zusammenhang mit Politik-Interesse gefragt. Diese zusätzlichen Einschätzungen bilden aber nicht Gegenstand dieser Untersuchung und sind deshalb nachfolgend nicht aufgeführt.

Der Wortlaut aller Items zu den Politik-Einzelaspekten und zu den soziodemographischen Angaben ist im Anhang enthalten.

4.3 Durchführung

Im Rahmen eines Moduls der Ausbildung an der Pädagogischen Hochschule Zentralschweiz (Luzern) mussten die teilnehmenden Studierenden in ihren Oberstufenklassen, an denen sie unterrichten, ihre Schülerinnen und Schüler vor Durchführung eines Projektes mittels Fragebogen befragen. Diese Fragebogen wurden während des Unterrichts ausgefüllt. Die Studierenden erhielten dabei schriftliche Instruktionen, wie bei der Durchführung vorzugehen ist, um eine möglichst standardisierte Datenaufnahme zu ermöglichen (Instruktion s. Anhang N). Für die Durchführung wurden 15–25 min zur Verfügung gestellt.

4.4 Auswertung

Um das Ausmaß des Politik-Interesses, der politischen Motivation und der politischen Handlungsbereitschaft abschätzen zu können, wurden arithmetische Mittelwerte und Standardabweichungen der Ausprägungen der Items berechnet. Da die Antwortskalen zu den Items streng genommen ordinal skaliert sind (vierstufige Antwortskala mit den Ausprägungen *„trifft nicht zu"*, *„trifft eher nicht zu"*, *„trifft eher zu"* und *„trifft zu"*), sind die aufgeführten Mittelwerte und Standardabweichungen mit Vorsicht zu interpretieren. Die arithmetischen Mittelwerte und Standardabweichungen werden aufgeführt, weil diese in vergleichbaren Untersuchungen häufig angegeben werden und dadurch eine Vergleichbarkeit der Daten erleichtert wird.

Da sich in einem Themenkomplex bzw. in einem Politik-Bereich Items unterschiedlichen Inhalts befinden, wurde auf die Berechnung von arithmetischen Mittelwerten und Standardabweichungen eines Politik-Bereichs bzw. eines Themenkomplexes weitgehend verzichtet.

Um die Frage beantworten zu können, ob sich Gruppen von Schülerinnen und Schülern identifizieren lassen, die sich hinsichtlich des Ausmaßes von „Politik-Interesse", „politischer Motivation" und „politischer Handlungsbereitschaft" unterscheiden, wurden Cluster-Analysen durchgeführt.

Bei einer Vielzahl von Cluster-Algorithmen basiert keine der heute verfügbaren Clustermethoden auf einer Theorie, die gewährleistet, dass die beste Struktur von Objekten entdeckt wird. In dieser Untersuchung wurde das hierarchische Cluster-Verfahren nach der Ward-Methode eingesetzt. Nach Backhaus et al. (2000, S. 383) empfiehlt es sich, zunächst einmal das Verfahren von Ward anzuwenden. Die Autoren berichten, dass eine Simulationsstudie von Bergs (1981, S. 96 f.) gezeigt hat, dass nur das Ward-Verfahren „gleichzeitig sehr gute Partizipationen findet und meistens die richtige Clusterzahl signalisiert".

Nach Milligan (1981) lassen sich mit der Ward-Methode die besten Resultate erzielen, wenn Ähnlichkeiten durch euklidische Distanzen repräsentiert werden, was in den Auswertungen beachtet wurde.

Die Auswertungen haben explorativen Charakter und sollen erste Tendenzen aufzeigen (in weiteren Untersuchungen müssten die Ergebnisse weiter geprüft werden, indem z. B. das Ähnlichkeitsmaß, der Algorithmus, die Gruppenzahl verändert wird oder eine explorative Faktorenanalyse vorgeschaltet wird, um hoch korrelierende Variablen auf unabhängige Faktoren zu reduzieren).

Da für die Wahl der Clusteranzahl keine präzisen Algorithmen existieren, wird üblicherweise versucht, anhand der Entwicklung der Fehlerquadratsumme bei jedem Fusionierungsschritt diejenige Fusionierung zu entdecken, bei welcher der Summen-Abweichungsquadrat-Wert aufgrund von unähnlichen, aber dennoch vereinigten Clustern einen Sprung macht (*Elbow-Kriterium*). Dieses Verfahren wurde auch hier angewendet.

Ergebnisse

Jürg Aeppli und Volker Reinhardt

Zunächst sollen die Ergebnisse zur Frage, wie die Schülerinnen und Schüler ihr Interesse zu verschiedenen Politik-Bereichen einschätzen (Fragestellung 1), aufgeführt werden.

Danach werden die Ergebnisse zur Frage, ob Gruppen von Schülerinnen und Schülern identifiziert werden können, die sich hinsichtlich ihres Interesses an Politik voneinander unterscheiden, beschrieben. Dieser Hauptfragestellung wurde mittels fünf Unterfragestellungen nachgegangen, die sich hinsichtlich Politik-Bereich, der für die Auswertung beigezogen wurde (Fragestellungen 2 und 3) bzw. hinsichtlich anderer theoretischer Herleitung des Gesamt-Interesses an Politik (Fragestellung 4), unterscheiden.

5.1 Einschätzung des Interesses an Politik

Um das Ausmaß des Interesses an Politik abschätzen zu können, wird aufgeführt, wie Schülerinnen und Schüler ihr Interesse in den 8 verschiedenen Politik-Bereichen einschätzen (Fragestellung 1). Das Ausmaß des Interesses an einem Politik-

---

J. Aeppli (✉)
Pädagogische Hochschule Luzern, Töpferstrasse 10, 6004 Luzern, Schweiz
E-Mail: juerg.aeppli@phlu.ch

V. Reinhardt
Politikwissenschaft, PH Weingarten, Weingarten, Deutschland
E-Mail: reinhardt@ph-weingarten.de

Bereich wurde erfasst, indem der arithmetische Mittelwert der Ausprägungen der Politik-Einzelaspekte dieses Politik-Bereichs berechnet wurde. Es sind die Einschätzungen der Schülerinnen und Schüler zu den acht verschiedenen Politik-Bereichen aufgeführt.

Die Ergebnisse zeigen, dass sowohl das „Interesse an Politik" als auch die „politische Motivation" und „politische Handlungsbereitschaft" unterschiedlich eingeschätzt wurden. Es sind deutliche Unterschiede zu verzeichnen, was die Interesse-Einschätzungen in verschieden Policy-Bereichen und Politikebenen anbelangt. Ebenfalls unterschiedlich ausgeprägt ist die Motivation, mit verschiedenen Personen und Gruppen über Politik zu diskutieren und die Handlungsbereitschaft, in den politischen Prozess aktiv einzugreifen (Tab. 5.1).

Tab. 5.1 Ausmaß des Interesses der Sek.-Schülerinnen und Schüler ($n=306$) an Politik

Themenkomplex „Politik-Interesse"		M	SD
Interesse an verschiedenen Ebenen der Politik	Interesse an Politik in der Gemeinde	2,24	0,87
	Interesse an Politik im Kanton	2,21	0,85
	Interesse an Politik im Bund	2,28	0,90
	Interesse an Politik in der EU	2,27	0,90
	Interesse an Politik in der Welt	2,55	0,93
	Interesse an Politik in den Parteien	1,96	0,81
	Interesse an Politik in den Vereinen	2,55	1,06
Interesse an Informationen über politische Themen	Interesse an Informationen über die Gemeinde	2,40	0,97
	Interesse an Informationen über den Kanton	2,43	0,90
	Interesse an Informationen über die Schweiz	2,72	0,85
	Interesse an Informationen über die Welt	2,80	0,89
	Interesse an Informationen in TV-Nachrichten	3,04	0,87
	Interesse an Informationen aus dem Internet	1,52	0,75
Interesse an politischen Diskussionen	Interesse an Diskussionen mit Gleichaltrigen	1,70	0,80
	Interesse an Diskussionen mit der Familie	2,12	0,93
	Interesse an Diskussionen mit Lehrpersonen	1,76	0,86
Themenkomplex „Politische Motivation"			
Motivation häufiger mit unterschiedlichen Gruppen über Politik zu diskutieren	Vermehrte Motivation mit Gleichaltrigen zu diskutieren	1,72	0,78
	Vermehrte Motivation mit der Familie zu diskutieren	1,90	0,90
	Vermehrte Motivation mit Lehrpersonen zu diskutieren	1,71	0,84

Tab. 5.1 (Fortsetzung)

Motivation, sich mehr mit politischen Sachverhalten auseinanderzusetzen	Motivation, mehr über Politik zu erfahren	2,16	0,87
	Motivation, mehr von Politik zu verstehen	2,44	0,90
	Motivation, komplizierte politische Vorgänge beurteilen zu können	2,20	0,95
	Motivation, mehr über aktuelle polit. Ereignisse im Unterricht zu erfahren	2,35	0,99
	Motivation, mehr über Politik im Unterricht zu erfahren	2,21	0,95
	Motivation, Auseinandersetzungen mit Politik mit Unterstützung	1,96	0,88
Themenkomplex „Politische Handlungsbereitschaft"			
Politische Aktivitäten konventioneller Ausrichtung	Absicht, abstimmen zu gehen	2,87	0,93
	Absicht, sich über Kandidaten zu informieren	2,54	0,96
	Absicht, in Partei einzutreten	1,63	0,85
	Absicht, sich in Gemeinde politisch zu engagieren	1,70	0,78
	Absicht, sich in Vereinen politisch zu engagieren	1,83	0,84
	Absicht, für politisches Gemeindeamt zu kandidieren	1,61	0,78
Politische Aktivitäten aktivistischer Ausrichtung	Absicht, Engagement für Arme	2,72	0,95
	Absicht, Unterschriften gegen Ungerechtigkeit zu sammeln	2,46	0,99
	Absicht, an einer friedlichen Demonstration teilzunehmen	2,00	0,92
	Absicht, sich für Menschenrechte einzusetzen	2,75	0,93
	Absicht, in eine NGO einzutreten	2,15	0,99
	Absicht, an Umweltschutzaktionen teilzunehmen	2,44	0,91
	Absicht, Leserbrief gegen Ungerechtigkeit zu schreiben	1,84	0,79
Politische Aktivitäten illegaler Ausrichtung	Absicht, Protestsprüche auf Wände zu sprayen	1,56	0,82
	Absicht, Verkehr zu blockieren	1,51	0,80
	Absicht, öffentliche Gebäude zu besetzen	1,46	0,75

M arithmetischer Mittelwert, *SD* Standardabweichung
Verwendete Skala *1 = trifft nicht zu, 2 = trifft eher nicht zu, 3 = trifft eher zu, 4 = trifft zu*

Themenkomplex „Politikinteresse" Im Themenkomplex „Politik-Interesse" wird der Politik-Bereich *Interesse an verschiedenen Ebenen der Politik* von den Schülerinnen und Schüler insgesamt eher tief eingeschätzt, wobei das *Interesse an der Politik und politischen Aussagen von Parteien* mit einem arithmetischen Mittelwert von $M=1{,}96$ ($SD=0{,}81$) am tiefsten eingeschätzt wird. Ein größeres Interesse haben dagegen Schülerinnen und Schüler auf der *Ebene der Weltpolitik* und auf der *Ebene der Vereinspolitik* (M jeweils 2,55, $SD=0{,}93$ bzw. $SD=1{,}06$). Das *Interesse an Politik auf der Ebene der EU, der Schweiz*, des jeweiligen *Kantons* und der *Gemeinde* ist mit einem Mittelwert zwischen $M=2{,}21$ und $M=2{,}28$ (Standardabweichung zwischen $SD=0{,}85$ und $SD=0{,}90$) eher niedrig ausgeprägt.

Im Politik-Bereich *Interesse an Informationen über politische* Themen fällt das hohe *politische Interesse an Nachrichtensendungen im Fernsehen* auf ($M=3{,}04$, $SD=0{,}87$). Ebenfalls recht hoch schätzen die befragten Schülerinnen und Schüler ihr *Interesse an weltpolitischen* ($M=2{,}80$, $SD=0{,}89$) und *schweizerischen* ($M=2{,}72$, $SD=0{,}85$) *Themen* ein. Auffällig wenige Schülerinnen und Schüler nutzen das Internet, um sich über politische Themen zu informieren ($M=1{,}52$, $SD=0{,}75$). Das *Interesse an Informationen über die Gemeinde- und Kantonspolitik* ist mit einem arithmetischen Mittelwert von $M=2{,}4$ ($SD=0{,}97$) und $M=2{,}43$ ($SD=0{,}90$) mittelmäßig ausgeprägt.

Über den Politik-Bereich *Interesse an politischen Diskussionen* lässt sich in Erfahrung bringen, dass insgesamt nur wenige Schülerinnen und Schüler sowohl *mit Gleichaltrigen* ($M=1{,}70$, $SD=0{,}8$) als auch *mit Lehrpersonen* ($M=1{,}76$, $SD=0{,}86$) *über Politik diskutieren*. Ein wenig mehr politische Diskussionen finden den *mit der Familie* statt, aber auch dieser Mittelwert ist mit $M=2{,}12$ ($SD=0{,}93$) niedrig.

Themenkomplex „politische Motivation" Im Themenkomplex „politische Motivation" geht es um das *Interesse, zukünftig mehr mit Politik in Berührung zu kommen*. Gefragt nach ihrer *Motivation, häufiger mit unterschiedlichen Gruppen über Politik zu diskutieren*, sind die Werte in diesem Politik-Bereich ähnlich tief wie im Politik-Bereich *Interesse an politischen Diskussionen*: Die Schülerinnen und Schüler sind wenig *motiviert, mehr mit Ihren Gleichaltrigen* ($M=1{,}72$, $SD=0{,}78$), ihrer *Familie* ($M=1{,}90$, $SD=0{,}9$) oder ihren *Lehrpersonen* ($M=1{,}71$, $SD=0{,}84$) *über Politik zu diskutieren*.

Im Politik-Bereich *Motivation, sich mehr mit politischen Sachverhalten auseinanderzusetzen* wurde danach gefragt, ob die Jugendlichen *mehr von Politik verstehen* und *mehr darüber erfahren* wollen ($M=2{,}44$, ($SD=0{,}9$). Ähnlich hoch ist die *Motivation* ausgeprägt, *mehr über aktuelle politische Ereignisse im Unterricht zu erfahren* ($M=2{,}35$, $SD=0{,}99$). Die *Motivation, komplizierte politische Vorgänge beurteilen zu können* sowie *die Motivation, mehr über Politik im Unterricht zu erfahren*, fallen mit einem Mittelwert von $M=2{,}20$ ($SD=0{,}95$) bzw. $M=2{,}21$

($SD=0,95$) etwas tiefer aus; und noch etwas tiefer ist die Motivation ausgeprägt, *mehr über Politik erfahren zu wollen* ($M=2,16$, $SD=0,87$). Die Frage, ob sich Schülerinnen und Schüler *mit Politik und politischen Vorgängen beschäftigen würden, wenn ihnen jemand dabei helfen würde*, wurde von ihnen mit einem Mittelwert von $M=1,96$ ($SD=0,88$) besonders niedrig beantwortet.

Themenkomplex „politische Handlungsbereitschaft" Der Themenkomplex „politische Handlungsbereitschaft" geht auf die geäußerte Absicht der Schülerinnen und Schüler ein, wie sie später handeln wollen. Darunter fällt der Politik-Bereich *politische Aktivitäten konventioneller Ausrichtung*, also die Bereitschaft, später konventionell politisch tätig zu werden. Mit einem Mittelwert von $M=2,87$ ($SD=0,93$) ist die *Bereitschaft* der Schülerinnen und Schüler hoch, *später wählen und abstimmen* zu gehen. Auch die *Absicht, sich später vor einer Wahl über die Kandidaten zu informieren*, ist relativ hoch ($M=2,54$, $SD=0,96$). Dagegen fallen die anderen Handlungsbereitschaften in diesem Politik-Bereich niedrig aus. Beabsichtigte konventionelle Aktivitäten wie der *Eintritt in eine Partei* bzw. *für ein politisches Gemeindeamt zu kandidieren* werden von den Schülerinnen und Schüler mit arithmetischem Mittelwert $M=1,63$ ($SD=0,85$) bzw. $M=1,61$ ($SD=0,78$) wenig geschätzt. Auch das *politische Engagement in Vereinen* oder der *Gemeinde* ist nicht viel höher ausgeprägt ($M=1,83$, $SD=0,84$ bzw. $M=1,70$, $SD=0,78$).

Der Politik-Bereich *Politische Aktivitäten aktivistischer Ausrichtung* beschreibt die Bereitschaft, später unkonventionell-aktivistisch politisch tätig zu werden. Es stehen hier also nicht die tradierten demokratischen Handlungsabsichten zur Einschätzung an, sondern jene einer starken Demokratie (vgl. Barber 1984). Eine hohe Zustimmung mit einem arithmetischen Mittelwert von $M=2,72$ ($SD=0,95$) bzw. $M=2,75$ ($SD=0,93$) erfahren die Handlungsbereitschaften in den Einzelaspekten, *sich für arme Menschen* und *sich für die Menschenrechte einzusetzen*. Mit einem arithmetischen Mittelwert $M=2,46$ ($SD=0,99$) bzw. $M=2,44$ ($SD=0,91$) ebenfalls recht hoch sind die Handlungsabsichten der Schülerinnen und Schüler, *Unterschriften gegen Ungerechtigkeit zu sammeln* und an *Umweltschutzaktionen teilzunehmen*. Dagegen ist die *Bereitschaft, später in eine NGO einzutreten* ($M=2,15$, $SD=0,99$) oder *an einer friedlichen Demonstration teilzunehmen* ($M=2,00$, $SD=0,92$) eher tief ausgeprägt. Auch einen *Leserbrief gegen Ungerechtigkeiten* ($M=1,84$, $SD=0,79$) möchten die Befragten eher nicht schreiben.

Der Politik-Bereich *politische Aktivitäten illegaler Ausrichtung* eröffnet schließlich die Absicht einer Umsetzung politischen Handelns im illegalen Bereich. Für alle drei Politik-Einzelaspekte dieses Politik-Bereichs ist nur eine niedrige Zustimmung zu verzeichnen. So beabsichtigen die befragten Schülerinnen und Schüler weder, *Wände mit Protestsprüchen zu besprühen* ($M=1,56$, $SD=0,82$), noch aus *Protest den Verkehr zu blockieren* ($M=1,51$, $SD=0,80$) bzw. *öffentliche Gebäude zu besetzen* ($M=1,46$, $SD=0,75$).

5.2 Identifikation von Gruppen, die sich hinsichtlich des Gesamt-Interesses an Politik voneinander unterscheiden

Die in Kap. 5.1 aufgeführten Einschätzungen der Studierenden werden einer Clusteranalyse unterzogen, um zu klären, ob Gruppen von Schülerinnen und Schüler identifiziert werden können, die sich hinsichtlich Ausprägungen in den arithmetischen Mittelwerten zu den einzelnen Politik-Bereichen unterscheiden. Damit soll Fragestellung 2 beantwortet werden. Die Cluster-Analyse zeigt, dass sich eine Lösung mit 3 Clustern empfiehlt, da die Fehlerquadratsumme mit weniger als drei Clustern zunimmt (Darstellung des Verlaufs des Zuwachses der Fehlerquadratsumme bei Fusionierung der Cluster: s. Anhang B).

In Abb. 5.1 sind die arithmetischen Mittelwerte der identifizierten drei Gruppen von Schülerinnen und Schülern hinsichtlich der 8 Politik-Bereiche aufgeführt. Die detaillierten Kennwerte zur Abb. 5.1 (M, SD) sind in Anhang C aufgeführt.

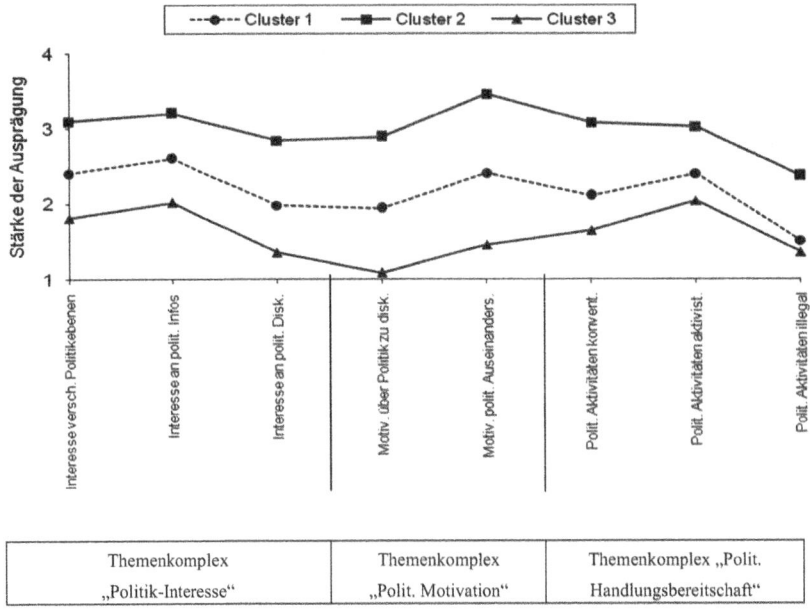

Abb. 5.1 Arithmetische Mittelwerte der drei Gruppen hinsichtlich der 8 Politik-Bereiche. (Anmerkung: verwendete Skala 1=trifft nicht zu, 2=trifft eher nicht zu, 3=trifft eher zu, 4=trifft zu; $n=306$)

Cluster 1 Dieses bildet mit *64%* der Schülerinnen und Schüler das zahlenmäßig größte Cluster. Diese Gruppe befindet sich bezüglich den Einschätzungen in allen Politik-Bereichen zwischen den Einschätzungen der anderen beiden Gruppen. Alle arithmetischen Mittelwerte der Einschätzungen in den 8 Politik-Bereichen liegen zwischen $M=2{,}59$ ($SD=0{,}47$) und $M=1{,}93$ ($SD=0{,}59$). Einzige Ausnahme: Der arithmetische Mittelwert des Politik-Bereichs „Handlungsbereitschaft illegal" liegt bei $M=1{,}50$ ($SD=0{,}68$).

Cluster 2 Diese relativ kleine Gruppe von Schülerinnen und Schülern (*8%* aller Schülerinnen und Schüler) weist in den Einschätzungen zu allen Politik-Bereichen die höchsten Werte auf; arithmetische Mittelwerte zwischen $M=2{,}36$ ($SD=1{,}17$) und $M=3{,}45$ ($SD=0{,}44$) und bilden in allen Politik-Bereichen die Höchst-Interessierten der identifizierten drei Gruppen.

Cluster 3 *28%* der Schülerinnen und Schüler gehören zu dieser Gruppe. Es fällt auf, dass diese Gruppe in allen Politik-Bereichen die niedrigsten arithmetischen Mittelwerte aufweist ($M=1{,}08$, $SD=0{,}20$ bis $M=2{,}03$, $SD=0{,}55$). Zudem ist festzustellen, dass diese Gruppe den Politik-Bereich *Motivation über Politik zu diskutieren* fast durchwegs mit dem niedrigst-möglichen Ausprägungsgrad „1 = trifft nicht zu" eingeschätzt hat und die Einschätzungen recht homogen ausfallen (*$M=1{,}08$, $SD=0{,}20$*).

Zwischen den drei Gruppen von Schülerinnen und Schülern lässt sich eine Tendenz zu analogen Interessens-Profilen feststellen, bei denen sich das Ausmaß des Interesses an Politik nur hinsichtlich des Niveaus unterscheidet.

Für alle drei Cluster kann ausgesagt werden, dass niedrige Werte für *illegale politische Aktivitäten* festzustellen sind. Auch das *Interesse* und die *Motivation, mit verschiedenen Gruppen über Politik zu diskutieren,* sind bei allen drei Schülergruppen eher niedrig ausgeprägt.

5.3 Identifikation von Gruppen, die sich hinsichtlich Politik-Einzelaspekten innerhalb eines Politik-Bereichs voneinander unterscheiden

Während im vorhergehenden Kapitel Gruppen identifiziert wurden, die sich hinsichtlich Gesamt-Interesses an Politik voneinander unterscheiden, sollen in diesem Kapitel differenziertere Aussagen aufgeführt werden. Es werden nun nicht mehr alle Politik-Bereiche gesamthaft in der Berechnung berücksichtigt, sondern es werden für jeden Themenkomplex separate Clusteranalysen durchgeführt, um Gruppen von Schülerinnen und Schülern identifizieren zu können, die sich innerhalb der einzelnen Politik-Bereiche „Politik-Interesse", „politische Motivation" und „politische Handlungsbereitschaft" voneinander unterscheiden (Fragestellung 3.1 bis 3.3).

5.3.1 Gruppen, die sich hinsichtlich Politik-Einzelaspekten innerhalb des Themenkomplexes „Politik-Interesse" voneinander unterscheiden

Als erstes wird der Frage nachgegangen, ob Gruppen von Schülerinnen und Schülern identifiziert werden können, die sich innerhalb des Politik-Bereichs „Politik-Interesse" in den Politik-Einzelaspekten voneinander unterscheiden (Fragestellung 3.1). Die Auswertungen der Cluster-Analyse mit der Ward-Methode zeigen, dass sich nicht nur eine Lösung anbietet (s. Anhang D). Es wurde eine 4-Cluster-Lösung gewählt, um differenziertere Aussagen zu erhalten.

Wie Abb. 5.2 zeigt, kann hier kaum mehr von analogen Skalenprofilen gesprochen werden, bei denen sich das Interesse nur hinsichtlich des Niveaus unterscheidet. Die detaillierten Kennwerte zur Abb. 5.2 sind in Anhang E aufgeführt.

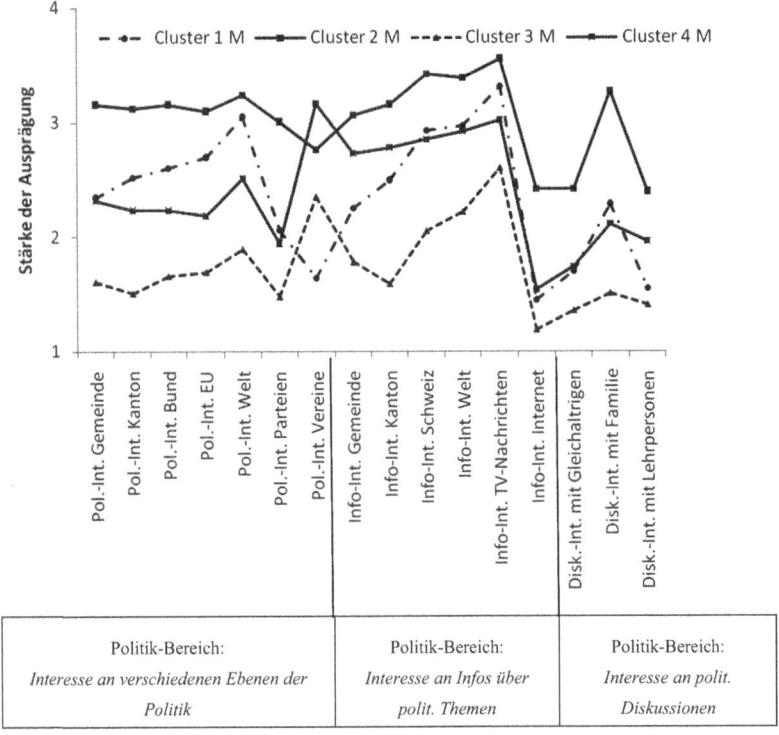

Abb. 5.2 Arithmetische Mittelwerte der fünf Gruppen zu Politik-Einzelaspekten des Themenkomplexes „Politik-Interesse". (*Anmerkung*: verwendete Skala *1* = trifft nicht zu, *2* = trifft eher nicht zu, *3* = trifft eher zu, *4* = trifft zu; *n* = 297)

Die 4 Cluster unterscheiden sich in einigen Aspekten:

Cluster 1 Diese Gruppe weist einen Anteil von 23% Schülerinnen und Schülern auf. Die Gruppe liegt in ihren Einschätzungen bis auf eine Ausnahme (niedrigster Wert im Einzelaspekt *Politik-Interesse in Vereinen*, $M=1{,}64$, $SD=0{,}71$) immer zwischen den Mittelwerten der anderen drei Cluster. Die Einschätzungen der Schülerinnen und Schüler weisen innerhalb der oberen und unteren Werte jedoch auffallend viele Schwankungen in den arithmetischen Mittelwerten auf ($M=1{,}45$ *bis* $M=3{,}04$).

Cluster 2 Diese Gruppe hat mit 11% den kleinsten Anteil an Schülerinnen und Schülern. Die Gruppe weist in allen Einzelaspekten die höchsten Werte auf ($M=2{,}39$, $SD=0{,}97$ bis $M=3{,}55$, $SD=0{,}56$) – mit Ausnahme des Einzelaspekts *Politik-Interesse in Vereinen*, bei welchem der zweithöchste arithmetische Mittelwert mit $M=2{,}76$ ($SD=1{,}09$) erreicht wird. Obwohl es sich bei dieser Gruppe um die Gruppe mit den höchsten Werten handelt, weist sie in den Politik-Einzelaspekten *Nutzung des Internets für politische Information* und *Diskussionsinteresse über Politik mit Gleichaltrigen* und *mit Lehrpersonen* verglichen mit den anderen Einschätzungen niedrigere Werte ($M=2{,}39$, $SD=0{,}97$ bis $M=2{,}42$, $SD=1{,}00$) auf.

Cluster 3 Zu dieser Gruppe gehören 28% der Schülerinnen und Schüler, die in fast allen Einzelaspekten die tiefsten Werte des aufweisen ($M=1{,}19$, $SD=0{,}45$ *bis* $M=2{,}60$, $SD=0{,}85$). Ausnahme bildet der Einzelaspekt *Politik-Interesse in Vereinen*, wo sie mit $M=2{,}35$ ($SD=1{,}02$) den zweitniedrigsten arithmetischen Mittelwert erreichen. Besonders niedrig ausgeprägt ist das *Interesse an der Nutzung des Internets für politische Information* ($M=1{,}19$, $SD=0{,}45$).

Cluster 4 Das Cluster bildet mit einem Anteil von 38% der Schülerinnen und Schüler die größte Gruppe. Die Gruppe liegt in ihren Einschätzungen in allen Einzelaspekten zwischen den anderen drei Gruppen mit Ausnahme des Einzelaspekts *Politinteresse in Vereinen*; hier erreicht diese Gruppe – verglichen mit den anderen Gruppen – den höchsten arithmetischen Mittelwert von $M=3{,}16$ ($SD=0{,}8$).

Im Politik-Bereich *Interesse an politischen Diskussionen* zeigen die vier Gruppen weitgehend eine analoge Tendenz mit gleichförmigem Verlauf, bei dem sich lediglich das Niveau, auf dem sie sich bewegen, unterscheidet. Für diesen Politik-Bereich kann ausgesagt werden, dass das *Diskussionsinteresse über Politik mit Gleichaltrigen* und *mit Lehrpersonen* für alle Schülergruppen niedrig ausfällt. Jeweils etwas höher ausgeprägt ist das *Diskussionsinteresse mit den Eltern*.

Auffallend ist, dass die Werte für den Einzelaspekt *Nutzung des Internets für politische Information* bei allen Gruppen abfallen, bei drei Gruppen sogar stark abfallen. Dagegen ist die *Nutzung des Fernsehens für die Informationsbeschaffung im Rahmen von Nachrichtensendungen* für alle Schülergruppen bedeutend höher ausgeprägt. Sehr unterschiedliche Ergebnisse ergaben sich für den Einzelaspekt *Politinteresse in Vereinen*. Bei diesem Einzelaspekt steigen in Cluster 3 und 4 die Werte auffallend an – hingegen nehmen die Werte in den Clustern 1 und 2 ab. Bei Cluster 3 und 4 zeigt sich, dass Schülerinnen und Schüler *an politischen Vorgängen in Vereinen interessiert* sind, dagegen weniger an solchen der *Parteien*. Bei Cluster 1 und 2 ist das Umgekehrte der Fall. Insgesamt zeigen sich durch die Clusterbildung mit 4 Clustern wenige hoch interessierte Schülerinnen und Schüler (11 %) sowie ein Anteil von 28 % an niedrig interessierten Schülerinnen und Schülern.

5.3.2 Gruppen, die sich hinsichtlich Politik-Einzelaspekten innerhalb des Themenkomplexes „politische Motivation" voneinander unterscheiden

In diesem Unterkapitel soll die Fragestellung 3.2 beantwortet werden, ob Gruppen von Schülerinnen und Schülern identifiziert werden können, die sich innerhalb des Themenkomplexes „politische Motivation" in den Politik-Einzelaspekten von politischer Motivation voneinander unterscheiden. Der Themenkomplex „politische Motivation" besteht aus den zwei Politik-Bereichen *Motivation, häufiger mit unterschiedlichen Gruppen über Politik zu diskutieren* und *Motivation, sich mehr mit politischen Sachverhalten auseinanderzusetzen*.

Die Auswertungen der Cluster-Analyse mit der Ward-Methode zeigen (s. Anhang F), dass die Fehlerquadratsumme sich v. a. nach einer 3 Cluster-Lösung sprunghaft erhöht. Bei einer 3-Cluster-Lösung entstehen drei große Gruppen von Schülerinnen und Schülern mit 80, 96 und 120 Schülerinnen und Schülern (vgl. Anhang G und Anhang H mit den drei Skalenprofilen). Es zeigen sich analoge Interessenprofile, die sich nur hinsichtlich des Niveaus unterscheiden.

Bei einer 5-Cluster-Lösung bleibt – im Vergleich zu einer 3-Cluster-Lösung – die Gruppe mit den niedrigsten Einschätzungen (80 Schülerinnen und Schüler) bestehen; Schülerinnen und Schüler mit mittleren und höheren Einschätzungen werden jedoch in neue Gruppen aufgesplittet und können genauer charakterisiert werden. Nachfolgend wird deshalb die 5-Cluster-Lösung aufgeführt und beschrieben. Wie Abb. 5.3 zeigt, kann hier kaum mehr von analogen Skalenprofilen gesprochen werden, bei denen sich das Interesse nur hinsichtlich des Niveaus unterscheidet. Die detaillierten Kennwerte zur Abb. 5.3 sind in Anhang I aufgeführt.

5 Ergebnisse 53

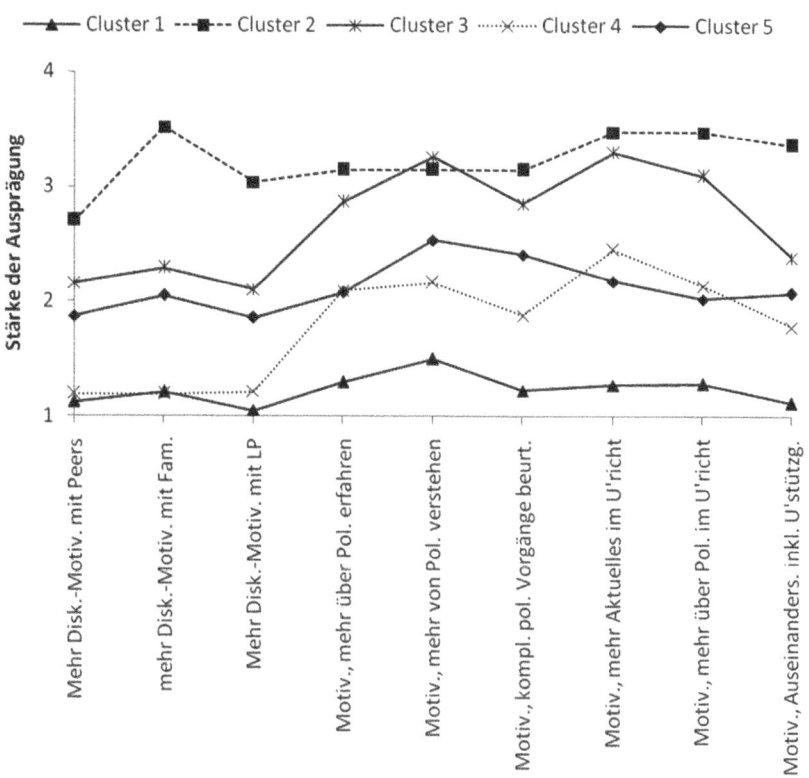

Abb. 5.3 Arithmetische Mittelwerte der fünf Gruppen zu Politik-Einzelaspekte des Themenkomplexes „politische Motivation". (Anmerkung: verwendete Skala *1*=trifft nicht zu, *2*=trifft eher nicht zu, *3*=trifft eher zu, *4*=trifft zu; *n*=296

Folgende Unterschiede sind zwischen den 5 Clustern festzustellen:

Cluster 1 Dieser Gruppe gehören 27% aller Schülerinnen und Schüler an und sie bildet zusammen mit dem Cluster 5 das größte Cluster. Die Gruppe weist konstant niedrige Werte auf und bewegt sich im arithmetischen Mittelwert zwischen (M=1,13, SD=0,43 bis M=1,50, SD=0,62). Mit Ausnahme des Einzelaspekts *mehr Diskussionsmotivation mit Familie* (M=1,21, SD=0,52) weist die Gruppe in allen Einzelaspekten die niedrigsten Werte aller Gruppen auf.

Cluster 2 9% der Schülerinnen und Schüler gehören dieser Gruppe an, welche das kleinste aller fünf Cluster bildet. Diese Gruppe weist von allen Gruppen – abgesehen von einer Ausnahme – die höchsten arithmetischen Mittelwerte auf (M=2,70,

$SD=0,82$ bis $M=3,52$, $SD=0,51$); es handelt sich damit um eine politisch hoch motivierte Gruppe. Nur im Politik-Einzelaspekt *Motivation, mehr von Politik verstehen* weist die Gruppe den zweithöchsten Wert auf ($M=3,15$, $SD=0,72$). Auffallend ist bei dieser Gruppe der hohe Mittelwert von $M=3,52$ ($SD=0,51$) für die *Motivation, häufiger mit Eltern oder anderen Familienangehörigen über Politik diskutieren* zu wollen.

Cluster 3 Cluster 3 gehören 23 % der Schülerinnen und Schüler an. Die arithmetischen Mittelwerte für alle Einzelaspekte – mit Ausnahme des Einzelaspekts *Motivation, mehr von Politik zu verstehen* (hier weist das Cluster 3 den höchsten Wert auf ($M=3,26$, $SD=0,56$) – fallen für dieses Cluster 3 am zweithöchsten aus. Die arithmetischen Mittelwerte bewegen sich zwischen $M=2,10$ ($SD=0,83$) und $M=3,30$ ($SD=0,55$).

Cluster 4 Zu dieser Gruppe können 14 % der Schülerinnen und Schüler gerechnet werden. Die Werte der Gruppe liegen zumeist zwischen den Werten der Cluster 1 und 5. Die Gruppe unterschreitet den Wert der Gruppe 1 beim Einzelaspekt *mehr Diskussionsmotivation mit Familie* mit ($M=1,19$, $SD=0,40$) und liegt bei den beiden weiteren Diskussionsmotivationsaspekten, nämlich *mehr mit Peers* und *mehr mit Lehrpersonen über Politik diskutieren* zu wollen, ähnlich niedrig wie das Cluster 1 der „Unmotivierten". In den drei Einzelaspekten *Motivation, mehr über Politik erfahren* ($M=2,10$, $SD=0,37$), *Motivation, mehr Aktuelles im Unterricht erfahren* ($M=2,45$, $SD=0,71$) und der allgemeinen *Motivation, mehr über Politik im Unterricht erfahren* ($M=2,14$, $SD=0,68$) liegt diese Gruppe dagegen über den arithmetischen Mittelwerten der Gruppe 5.

Cluster 5 Dieses Cluster weist einen Anteil von 27 % der Schülerinnen und Schüler auf und gehört zusammen mit dem Cluster 1 zur größten Gruppe. Die Werte sind recht konstant und weisen keine größeren Schwankungen auf. Die arithmetischen Mittelwerte bewegen sich zwischen ($M=1,86$, $SD=0,58$ bis $M=2,54$, $SD=0,57$). Die Werte liegen jeweils zwischen denen der anderen Gruppen.

Zwischen den fünf Clustern gibt es keine auffälligen Gemeinsamkeiten. Zwischen Cluster 1 und Cluster 5 gibt es eine analoge Tendenz bei den ersten sechs Einzelaspekten, jedoch auf verschiedenen Niveaus. Ebenfalls einen ähnlich analogen Werteverlauf weisen Cluster 3 und Cluster 4 auf, wiederum auf verschiedenen Niveaus. Auffällig sind die niedrigen Werte von Cluster 1 und 4 in Bezug auf die *Motivation, mehr mit der Familie, mit Peers und mit Lehrpersonen über Politik diskutieren* zu wollen (insgesamt 41 % der Schülerinnen und Schüler). In allen drei Politik-Einzelaspekten des Politik-Bereichs *Motivation, häufiger mit unterschiedlichen Gruppen über Politik zu diskutieren* scheinen diese Schülerinnen und Schüler nur sehr wenig an einer Ausweitung der Diskussionen im Politik-Bereich interessiert.

5.3.3 Gruppen, die sich hinsichtlich Politik-Einzelaspekten innerhalb des Themenkomplexes „politische Handlungsbereitschaft" voneinander unterscheiden

In diesem Unterkapitel soll Fragestellung 3.3 nachgegangen werden. Mit ihr soll beantwortet werden, ob Gruppen von Schülerinnen und Schülern identifiziert werden können, die sich innerhalb des Themenkomplexes „politische Handlungsbereitschaft" in den Einzelaspekten politischer Handlungsbereitschaft voneinander unterscheiden. Der Themenkomplex „politische Handlungsbereitschaft" besteht aus den drei Politik-Bereichen *politische Aktivitäten konventioneller Ausrichtung, politische Aktivitäten aktivistischer Ausrichtung* und *politische Aktivitäten illegaler Ausrichtung*.

Die Auswertungen der Cluster-Analyse mit der Ward-Methode zeigen (s. Anhang J), dass die Fehlerquadratsumme sich v. a. nach einer 5-Cluster-Lösung erhöht. Es wird deshalb die 5-Cluster-Lösung gewählt.

Wie Abb. 5.4 zeigt, kann hier kaum mehr von analogen Skalenprofilen gesprochen werden, bei denen sich das Interesse nur hinsichtlich des Niveaus unterscheidet. Die detaillierten Kennwerte zur Abb. 5.4 sind in Anhang K aufgeführt.

Folgende Unterschiede sind zwischen den fünf Clustern festzustellen:

Cluster 1 Dieser Gruppe gehören 20 % der Schülerinnen und Schüler an. Die Werte der Gruppe schwanken stark. Bei sieben Einzelaspekten weist die Gruppe die niedrigsten Werte auf. Der Einzelaspekt *Absicht, Gebäude zu besetzen* weist den niedrigsten Wert überhaupt auf ($M=1,02$, $SD=0,13$). Aber auch die Einzelaspekte *Absicht, in eine Partei einzutreten* und die beiden Einzelaspekte zur *Absicht, sich in der Gemeinde bzw. im Verein politisch zu engagieren* oder die *Absicht, für ein politisches Gemeindeamt zu kandidieren*, wird von diesen Schülerinnen und Schülern sehr niedrig eingeschätzt ($M=1,11$, $SD=0,31$ bis $M=1,39$, $SD=0,65$). Ebenfalls sehr niedrige Werte erhalten in diesem Cluster sämtliche *politischen Aktivitäten illegaler Ausrichtung*; neben dem Einzelaspekt *Absicht, Gebäude zu besetzen* sind es die *Absichten, Protestsprüche auf Wände zu sprühen* und die *Absicht, den Verkehr zu blockieren* ($M=1,07$, $SD=0,26$). Dagegen ist die *Absicht, später abstimmen oder wählen zu gehen* mit $M=3,32$ ($SD=0,63$) am zweithöchsten ausgeprägt. Recht hohe Werte erreicht diese Gruppe auch bezüglich *Absicht, sich später über Kandidaten informieren* zu wollen, *sich für Arme zu engagieren* und *sich für Menschenrechte einsetzen* zu wollen mit einem Mittelwert zwischen $M=2,63$ ($SD=0,82$) *und* $M=2,77$ ($SD=0,76$).

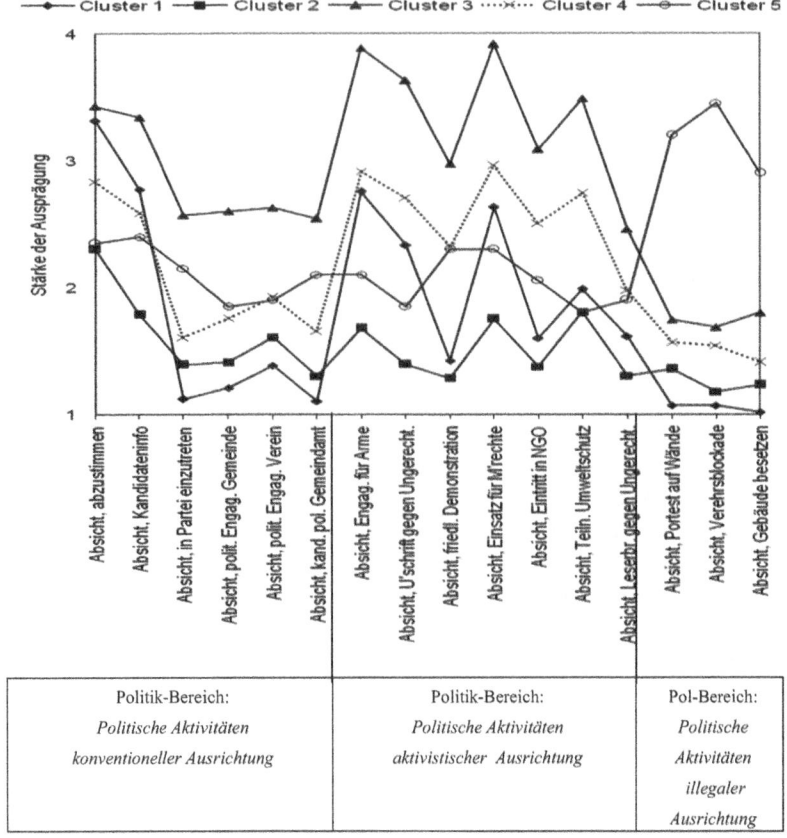

Abb. 5.4 Arithmetische Mittelwerte der fünf Gruppen zu den Politik-Einzelaspekten des Themenkomplexes „politische Handlungsbereitschaft". (Anmerkung: verwendete Skala 1 = trifft nicht zu, 2 = trifft eher nicht zu, 3 = trifft eher zu, 4 = trifft zu; $n = 283$)

Cluster 2 Diesem Cluster gehören rund ein Fünftel der Schülerinnen und Schüler an. Diese Gruppe hat konstant niedrige Werte; nur bei gewissen Politik-Einzelaspekten hat das Cluster 1 noch niedrigere Werte. Der Einzelaspekt *Absicht, abzustimmen* hat in diesem Cluster einen auffallend hohen Wert von ($M = 2{,}30$, $SD = 0{,}91$) und ist somit der einzige Einzelaspekt mit einem Wert von über $2{,}00$ (Ausprägung „*trifft eher zu*"). Die Mittelwerte liegen ansonsten zwischen $M = 1{,}18$ ($SD = 0{,}37$) bis $M = 2{,}30$ ($SD = 0{,}91$).

Cluster 3 Zu dieser Gruppe gehören 12% der Schülerinnen und Schüler. Bei den ersten beiden Politik-Bereichen *Politische Aktivitäten Konventioneller Ausrichtung* und *Politische Aktivitäten aktivistischer Ausrichtung* weist diese Gruppe die höchsten Werte auf. Besonders bei den Einzelaspekten *Absicht, sich für Menschenrechte einzusetzen* ($M=3{,}91$, $SD=0{,}28$) und *Absicht, sich für Arme zu engagieren* ($M=3{,}89$, $SD=0{,}32$). Die Werte des Politik-Bereichs *politische Aktivitäten illegaler Ausrichtung* sind dagegen deutlich niedriger als die übrigen Werte dieser Gruppe und liegen relativ nahe bei den anderen Mittelwerten der anderen Gruppen (mit Ausnahme von Cluster 5).

Cluster 4 41% der Schülerinnen und Schüler bilden dieses größte Cluster. Die arithmetischen Mittelwerte der Gruppe liegen zwischen denen der anderen Gruppen ($M=1{,}41$, $SD=0{,}54$ bis $M=2{,}96$, $SD=0{,}57$). Die Kurve zeigt einen ähnlichen Verlauf wie die des Clusters 1; die Werte liegen jedoch mit Ausnahme der beiden Einzelaspekte (*Absicht, abzustimmen* und *Absicht, sich über Kandidaten zu informieren*) lediglich etwas höher als bei Cluster 1.

Die Cluster 3 und 4 (und ebenfalls tendenziell die Cluster 1 und 2) haben im Politik-Bereich *Politische Aktivitäten aktivistischer Ausrichtung* parallele Profile. Sie unterscheiden sich nur in der Stärke der Ausprägung.

Cluster 5 Cluster 5 gehören 7% der Schülerinnen und Schüler an und es bildet somit die kleinste Gruppe. Ihre arithmetischen Mittelwerte zu den Einzelaspekten bewegen sich zwischen denen der anderen Gruppen und bleiben mit Ausnahme des Politik-Bereichs *politische Aktivitäten illegaler Ausrichtung* konstant zwischen $M=1{,}90$ ($SD=0{,}97$) und $M=2{,}40$ ($SD=1{,}1$). Auffällig ist, dass die Gruppe im erwähnten Politik-Bereich *politische Aktivitäten illegaler Ausrichtung* die höchsten Werte aller Cluster aufweist.

Auffällig ist, dass verglichen mit den anderen Einzelaspekten bei allen Gruppen die *Absicht, abzustimmen* recht hoch ausfällt. Ebenfalls hohe Werte – verglichen mit anderen Einzelaspekten – sind festzustellen bei *Absichten, sich für Arme zu engagieren* und *für Menschenrechte zu engagieren* sowie bei *Absichten, sich für Umweltschutz zu engagieren* und *sich vor einer Wahl über Kandidaten zu informieren*.

Hervorzuheben ist, dass die Werte von Einzelaspekten des Politik-Bereichs *politische Aktivitäten illegaler Ausrichtung* einzig bei Cluster 5 – im Vergleich zu den Werten der anderen Gruppen – hoch ausfallen ($M=2{,}90$ bis $M=3{,}45$, $SD=0{,}73$ bis $SD=0{,}81$). Bei allen anderen Gruppen liegen die Mittelwerte deutlich unter $M=2{,}00$ (Ausprägung „*trifft eher nicht zu*").

5.4 Identifikation von Gruppen, die sich hinsichtlich des Gesamtinteresses an Politik auf unterschiedlichen Interessens- und Engagement-Ebenen voneinander unterscheiden

Wie in Kap. 3.2.3 Identifikation von Gruppen, die sich hinsichtlich des Gesamtinteresses an Politik auf unterschiedlichen Interessens- und Engagement-Ebenen voneinander unterscheiden, aufgeführt, wurden die Politik-Einzelaspekte aufgrund erweiterter theoretischer Überlegungen anderen Politik-Bereichen zugeordnet; nämlich zu den Interessens- und Engagementebenen *gesellschaftlich-kommunalpolitisches Interesse, staatspolitisches Interesse, sozialpolitisches Interesse, mikropolitisches Engagement* und *staatspolitisches Engagement* (s. dazu auch Abb. 3.2).

Mit Fragestellung 4 soll nun beantwortet werden, ob sich aufgrund anderer theoretischer Herleitung Gruppen von Schülerinnen und Schülern identifizieren lassen, die sich hinsichtlich Interessen an Politik stark voneinander unterscheiden.

Es wird zunächst dargestellt, wie Schülerinnen und Schüler ihr Interesse zu den fünf verschiedenen Interessens- und Engagementebenen einschätzen. Das Ausmaß des Interesses zu einer Interessens- und Engagementebene wurde erfasst, indem der arithmetische Mittelwert der Ausprägungen der Einzelaspekte dieser Ebene berechnet wurde. In Tab. 5.2 sind die arithmetischen Mittelwerte der Politik-Einzelaspekte zu diesen fünf Interessens- und Engagementebenen aufgeführt. Mit Ausnahme des mikropolitischen Engagements wird das Ausmaß an den einzelnen Interessens- und Engagementebenen praktisch gleich eingeschätzt: Es lassen sich arithmetische Mittelwerte zwischen $M=2{,}35$ $(SD=0{,}73)$ und $M=2{,}42$ $(SD=0{,}71)$ feststellen. Nur das *mikropolitische Engagement* wird mit einem arithmetischen Mittelwert von $M=1{,}72$ $(SD=66)$ niedriger eingeschätzt.

Tab. 5.2 Ausmaß des Interesses der Schülerinnen und Schüler an Politik zu den fünf verschiedenen Interessens- und Engagement-Ebenen

Interessens- und Engagement-Ebenen	M	(SD)
Gesellschaftlich-kommunalpolitisches Interesse	2,39	(0,70)
Staatspolitisches Interesse	2,41	(0,58)
Sozialpolitisches Interesse	2,42	(0,71)
Mikropolitisches Engagement	1,72	(0,66)
Staatspolitisches Engagement	2,35	(0,73)

Verwendete Skala *1 = trifft nicht zu, 2 = trifft eher nicht zu, 3 = trifft eher zu, 4 = trifft zu*; $n=309$

Diese in Tab. 5.2 aufgeführten arithmetischen Mittelwerte der fünf Interessens- und Engagementebenen wurden in einem zweiten Schritt einer Clusteranalyse unterzogen, um zu klären, ob Gruppen von Schülerinnen und Schülern identifiziert werden können, die sich hinsichtlich der einzelnen Interessens- und Engagementebenen stark voneinander unterscheiden, innerhalb einer Gruppe jedoch große Ähnlichkeit in den Einschätzungen besteht.

Die Cluster-Analyse mit der Ward-Methode zeigt, dass sich keine sprunghaft erhöhte Zunahme der Fehlerquadratsumme ergibt – mit Ausnahme der 2-Cluster-Lösung (s. Anhang L). Da sich bei einer 2-Cluster-Lösung analoge Interessenprofile zeigen, die sich nur hinsichtlich des Niveaus unterscheiden, und damit keine differenzierten Aussagen ermöglichen, wurde eine andere Cluster-Lösung vorgezogen: Bei fünf Clustern zeigt sich ein differenzierteres Bild und die fünf Gruppen sind immer noch so groß, dass diese nicht nur einzelne Schülerinnen und Schüler beinhalten. Die detaillierten Kennwerte zur 5-Cluster-Lösung der Abb. 5.5 sind in Anhang M aufgeführt.

Die fünf Cluster können wie folgt charakterisiert werden:

Cluster 1 Dieser Gruppe gehören 30 % der Schülerinnen und Schüler an. Sie weist konstant niedrige Werte auf, die sich alle zwischen $M=1,04$ ($SD=0,11$) und $M=1,84$ ($SD=0,57$) bewegen. Die Werte des Clusters 1 liegen im Vergleich mit den anderen Gruppen bei allen Interessens- und Engagement-Ebenen am niedrigsten, außer beim *sozialpolitischen Interesse*, bei dem eine Gruppe (Cluster 5) einen niedrigeren Wert aufweist. Es dürfte sich bei dieser Gruppe um wenig interessierte und wenig engagierte Schülerinnen und Schüler handeln. Besonders wenig Engagement zeigt sich bei dieser Gruppe auf *mikropolitischer Ebene* mit $M=1,04$ ($SD=0,11$).

Cluster 2 In diesem Cluster sind 19 % der Schülerinnen und Schüler angesiedelt. Ihre Werte bewegen sich in allen Politik-Bereichen zwischen den Werten der anderen Gruppen – mit einer einzigen Ausnahme: Bei der Interessens- und Engagement-Ebene *gesellschaftlich-kommunalpolitisches Interesse* weisen sie einen ähnlich hohen Wert auf ($M=2,86$, $SD=0,31$) wie die Cluster 2 und 3. Die anderen Werte schwanken zwischen $M=1,48$ ($SD=0,49$) bis $M=2,86$ ($SD=0,31$). Das *mikropolitische Engagement* wird im Vergleich mit den anderen Interessens- und Engagement-Ebenen am niedrigsten eingeschätzt ($M=1,48$, $SD=0,49$).

Cluster 3 Diese Gruppe bildet mit 9 % der Schülerinnen und Schüler das zweitkleinste Cluster. In den Einschätzungen der verschiedenen Interessens- und Engagement-Ebenen weisen sie konstant hohe Werte auf. In den drei Interessens- und

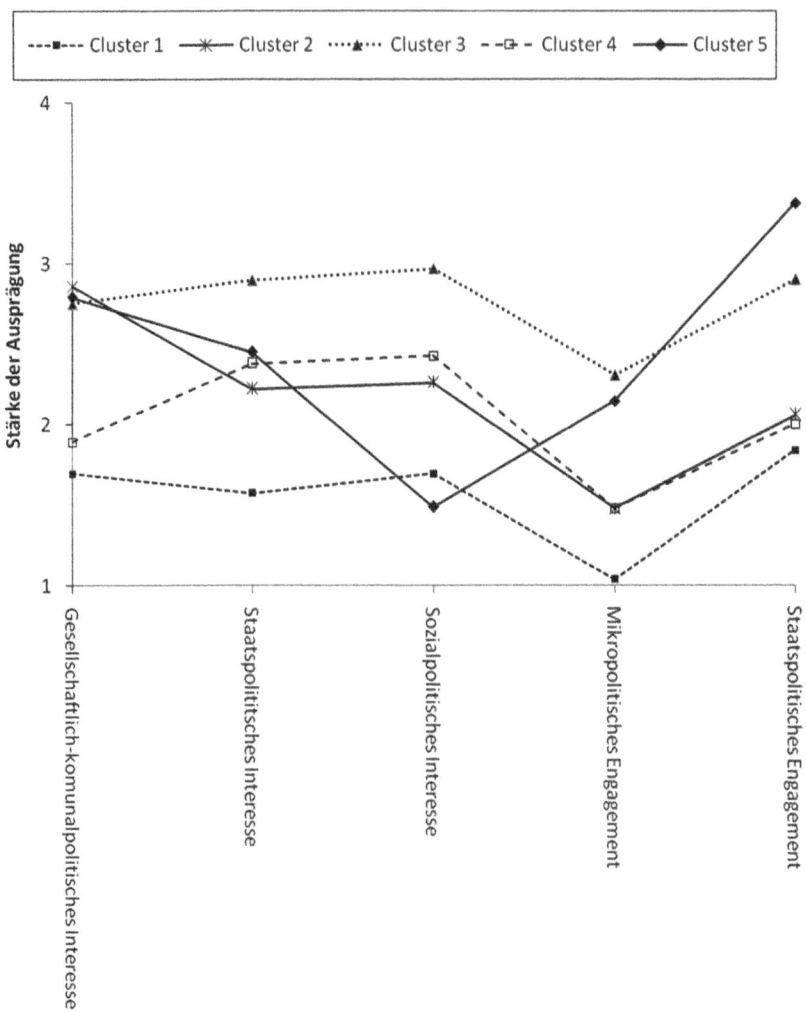

Abb. 5.5 Arithmetische Mittelwerte der fünf Gruppen zu den Interessens- und Engagement-Ebenen „gesellschaftlich-kommunalpolitisches Interesse", „staatspolitisches Interesse", „sozialpolitisches Interesse", „mikropolitisches Engagement" und „staatspolitisches Engagement". (Anmerkung: verwendete Skala 1=trifft nicht zu, 2=trifft eher nicht zu, 3=trifft eher zu, 4=trifft zu; n=309)

Engagement-Ebenen *staatspolitisches Interesse*, *sozialpolitisches Interesse* und *mikropolitisches Engagement* weisen sie die höchsten Werte aller Gruppen auf. Es handelt sich hierbei um hoch interessierte Schülerinnen und Schüler, die nur auf einer Interessens- und Engagement-Ebene (*mikropolitisches Engagement*) etwas niedrigere Werte zeigen.

Cluster 4 Dieses Cluster ist mit einem Anteil von 37 % aller Schülerinnen und Schülern das größte der fünf Cluster. Bei allen Werten in den fünf Interessens- und Engagement-Ebenen bewegen sie sich zwischen den anderen Gruppen. Die arithmetischen Mittelwerte liegen zwischen $M=1,48$ ($SD=0,47$) und $M=2,43$ ($SD=0,68$).

Cluster 5 Dies ist die kleinste Gruppe mit 5 % aller befragten Schülerinnen und Schüler. Die Werte der Gruppe liegen bei drei Interessens- und Engagement-Ebenen zwischen denen der anderen Gruppen. Allerdings fällt auf, dass die Werte stark schwanken (zwischen $M=1,49$, $SD=0,35$, und $M=3,38$, $SD=0,48$). Den niedrigsten Wert aller Gruppen weisen die Schülerinnen und Schüler auf der Interessens- und Engagement-Ebene *sozialpolitisches Interesse* $M=1,49$ ($SD=0,35$) auf. Diese Gruppe weist jedoch den höchsten Wert aller Gruppen auf der der Interessens- und Engagement-Ebene *staatspolitisches Engagement* auf ($M=3,38$, $SD=0,48$).

Es fällt auf, dass Cluster 1 und Cluster 3 ein ähnliches Profil aufweisen, wenn auch auf einem sehr unterschiedlichen Niveau. Während bei Cluster 1 die Einschätzungen zwischen einem Mittelwert von $M=1,00$ und $M=2,00$ liegen, bewegen sich diese bei Cluster 3 um einem Mittewert von knapp $M=3,00$. Außer bei Cluster 5 sind keine großen Unterschiede zwischen den Einschätzungen einer Gruppe festzustellen. Augenscheinlich ist, dass – mit Ausnahme des Clusters 5 – alle Gruppen niedrige Werte auf der Interessens- und Engagement-Ebene *mikropolitisches Engagement* aufweisen.

Diskussion 6

Jürg Aeppli und Volker Reinhardt

In diesem Teil II „Einschätzungen von Schülerinnen und Schülern zu ihrem Politik-Interesse und Identifikation von Gruppen mit unterschiedlichem Politik-Interesse" wurde das Ausmaß des Interesses von Jugendlichen an Politik untersucht und anschließend untersucht, ob Gruppen von Schülerinnen und Schülern identifiziert werden können, die sich hinsichtlich Interesse an Politik unterscheiden. Die Befunde zu diesen Fragestellungen werden nachfolgend für jede Fragestellung separat diskutiert.

Einschätzungen der Schülerinnen und Schülern zu ihrem Politik-Interesse Die Ergebnisse zu den Einschätzungen der Schülerinnen und Schüler zeigen, dass sowohl das „Interesse an Politik" als auch die „politische Motivation" und die „politische Handlungsbereitschaft" insgesamt unterschiedlich beantwortet werden.

Auffallend wenig interessiert zeigen sich Schülerinnen und Schüler im Politik-Bereich *Interesse an der Politik und politischen Aussagen von Parteien* und an der *Politik auf der Ebene EU und Schweiz*. Diese Befunde stehen im Einklang mit weiteren Jugendstudien: Ein niedriges Interesse an klassischer Politik, was vor allem Parteipolitik sowie nationale und transnationale Politik betrifft, stellen

---

J. Aeppli (✉)
Pädagogische Hochschule Luzern, Töpferstrasse 10, 6004 Luzern, Schweiz
E-Mail: juerg.aeppli@phlu.ch

V. Reinhardt
Politikwissenschaft, PH Weingarten, Weingarten, Deutschland
E-Mail: reinhardt@ph-weingarten.de

© Springer Fachmedien Wiesbaden 2015
V. Reinhardt (Hrsg.), *Jugend und Politik,* Politische Bildung,
DOI 10.1007/978-3-658-08272-7_6

sowohl die Shellstudien (Shell 2002, S. 91 ff.; Shell 2006, S. 104 ff.) als auch Biedermann (2006, S. 16 ff.) fest, der in seiner Analyse von Jugendstudien zum Ergebnis kommt, dass Jugendliche nach eigenen Angaben zwar die konventionell parlamentarische Politik meist langweilig fänden, sich aber sehr wohl für politische Themenbereiche, die sie in ihrer näheren und weiteren Lebensumwelt unmittelbar wahrnähmen, zu interessieren scheinen. Biedermann konstatiert, dass junge Menschen sehr wohl politisch interessiert seien, dass sich dieses Interesse aber insbesondere auf Inhalte und Handlungsweisen beziehe, die nicht zur konventionellen politischen Agenda gehörten (Biedermann 2006, S. 19). Zudem waren die hier befragten Jugendlichen zum Erhebungszeitraum zwischen 13 und 16 Jahre alt. In diesem Alter sind Jugendliche noch deutlich weniger politisch interessiert als ältere Jugendliche, wie die Zahlen des DJI-Jugendsurveys belegen (vgl. Hoffmann-Lange und Rijke 2010, S. 80).

Andererseits ist in der vorliegenden Studie das *Interesse an Nachrichtensendungen im Fernsehen* ($M=3,03$, $SD=0,87$) groß, was wenig zu den oben genannten Ergebnissen zu passen scheint. Es kann spekuliert werden, ob die im Fragebogen genannten Nachrichtensendungen (Tagesschau, Rundschau, Schweiz aktuell) deshalb auf Interesse stoßen, weil sie immer häufiger auch unpolitische Themen aus Gesellschaft und Kultur aufgreifen oder ob insgesamt das Medium Fernsehen ein recht hoher Attraktor ist, auch mit seinen Nachrichtensendungen.

Die befragten Jugendlichen wollen das Internet nicht für politische Informationsbeschaffung nutzen. Die Schülerinnen und Schüler bevorzugen also eher das klassische Medium Fernsehen als politische Informationsquelle, wogegen sie das Internet wohl für andere Zwecke nutzen.

Wenig interessiert sind die befragten Jugendlichen auch an *politischen Diskussionen mit Gleichaltrigen*, ebenso *mit Lehrpersonen*. Das politische Diskussionsinteresse der Jugendlichen ist damit insgesamt gering ausgeprägt, nur mit Familienangehörigen wird etwas mehr über Politik diskutiert. Aber die Schülerinnen und Schüler wollen auch in Zukunft nicht häufiger mit anderen über Politik diskutieren. Politik ist demnach kein Thema, worüber sich Jugendliche unterhalten und unterhalten wollen.

Dagegen wollen die Jugendlichen gerne *mehr von Politik und den politischen Vorgängen* und auch über *aktuelle politische Vorgänge im Unterricht erfahren*. Das *Informationsinteresse an Politik* ist also höher ausgeprägt als das *Diskussionsinteresse über Politik*. Daraus kann schlussgefolgert werden, dass von den Jugendlichen weniger die diskursive Auseinandersetzung über Politik als vielmehr Informationsvermittlung, Informationserklärung und Informationsdarstellung gewollt werden. Allerdings würden sich Jugendliche nicht *mehr mit Politik beschäftigen wollen, wenn ihnen dabei geholfen* würde, was ein wenig erstaunt. Ob das den Schluss zu-

6 Diskussion

lässt, dass sich Jugendliche von Politikinformationen berieseln lassen wollen, ohne sich damit auseinandersetzen zu müssen, kann nur gemutmaßt werden.

Im Themenkomplex „politische Handlungsbereitschaft" ist die Bereitschaft hoch ausgeprägt, später *abstimmen und wählen zu gehen* und *sich über die Wahlkandidat/innen zu informieren*, also konventionell politisch tätig zu werden. Dagegen möchte kaum ein Jugendlicher in eine Partei eintreten oder *sich in der Gemeinde/ im Verein politisch engagieren*. Ebenfalls wenig Interesse scheinen die Jugendlichen *an Umweltschutzaktionen, an politischer Einflussnahme durch Leserbriefe, an der Mitarbeit in einer NGO oder an friedlichen Demonstrationen* zu haben.

Generell wenig Zustimmung zeigt sich bei allen Befragten, später im illegalen Bereich politisch aktiv zu werden.

Gruppen, die sich hinsichtlich des Gesamt-Interesses an Politik voneinander unterscheiden Beim Gesamtinteresse an Politik können drei Gruppen von Jugendlichen identifiziert werden, die sich in den 8 Politik-Bereichen unterscheiden.

Die größte Gruppe der Schülerinnen und Schüler, die 64 % aller Befragten umfasst, liegt in allen 8 Politik-Bereichen zwischen den Werten der beiden anderen Gruppen und ist damit eher durchschnittlich interessiert. Diese große Gruppe ist eher an politischen Informationen und an der Vermittlung von politischen Inhalten durch die Schule interessiert und zeigt sich eher politisch aktiv.

Eine kleine Gruppe, der 8 % der Befragten angehören, ist insgesamt politisch sehr hoch interessiert und möchte sich vor allem *mehr mit Politik auseinandersetzen, mehr über Politik im Unterricht erfahren* und *mehr von Politik verstehen*. Diese hoch Interessierten sind im Vergleich zu allen anderen Politik-Bereichen zwar deutlich weniger an illegalen politischen Aktivitäten interessiert, aber dennoch ist das Interesse an illegalen Aktivitäten höher ausgeprägt als bei den anderen beiden Gruppen. Angelehnt an die Diskussion um Bürgerleitbilder, die Buchstein (2002) für den deutschen Diskurs um Politikbeteiligung wieder aufgegriffen hat und für den angelsächsischen Raum von Milbrath (1977) eingeführt wurde, kann diese kleine Gruppe als in der Zukunft motivierte Aktivbürger (Buchstein) bzw. Gladiatoren (Milbrath) verortet werden.

Die dritte Gruppe, der 28 % der Schülerinnen und Schüler angehören, weist in allen Politik-Bereichen die tiefsten Werte auf. Auffällig ist, dass diese Gruppe den Politik-Bereich *Motivation über Politik zu diskutieren* fast durchweg mit dem niedrigst-möglichen Ausprägungsgrad (1 = trifft nicht zu) einschätzt, das heißt, überhaupt kein Interesse hat, sich mit anderen – seien es Lehrer, Mitschüler oder Eltern – über Politik auszutauschen.

Gruppen, die sich hinsichtlich Politik-Einzelaspekten innerhalb des Themenkomplexes „Politik-Interesse" voneinander unterscheiden Werden die Themenkomplexe einzeln betrachtet, so lassen sich wiederum Gruppen bilden, die sich in ihrem Interesse unterscheiden. Im Politik-Bereich *Interesse an politischen Diskussionen* zeigen die vier unterscheidbaren Gruppen analoge Interessenprofile, allerdings auf unterschiedlichem Niveau. Das Interesse an politischen Diskussionen ist bei allen Gruppen niedrig ausgeprägt – drei Gruppen halten überhaupt nichts von *politischen Diskussionen mit Gleichaltrigen*. Ebenfalls zeigen die gleichen drei Gruppen ausgesprochen wenig Interesse an der *Nutzung des Internets für politische Informationen*. Sehr unterschiedliche Ergebnisse lassen sich für den Einzelaspekt *Politik-Interesse in Vereinen* ermitteln. Bei diesem Einzelaspekt steigen in zwei Gruppen die Werte auffallend an – hingegen nehmen die Werte in zwei anderen Gruppen deutlich ab. Bei den Vereinsinteressierten zeigt sich, dass sie zwar an politischen Vorgängen in Vereinen interessiert sind, dagegen weniger an solchen der Parteien. Bei den anderen beiden Gruppen ist das Umgekehrte der Fall. Es lassen sich also Schülergruppen herausschälen, die gleichzeitig ein recht hohes *politisches Interesse an Parteien* und ein geringes *politisches Interesse an Vereinsengagement* haben und solche, die genau gegenteilig interessiert sind. Hier wird deutlich, dass das Interesse an Politik auf der Mikroebene nicht mit der Politik auf der Makroebene korrespondieren muss. Auch sind die beiden Gruppen, die am wenigsten an „großer Politik" interessiert sind, am ehesten noch an der Vereinspolitik, also der Politik im Nahraum, im Lebensalltag der Schülerinnen und Schüler interessiert. Die kleinste der vier Gruppen mit 11 % der Befragten, zugleich die Gruppe der Politikinteressiertesten, ist dagegen bei der Frage nach *politischem Interesse in Vereinen* weniger interessiert. Es handelt sich bei diesen 11 % also um Schülerinnen und Schüler, die an der Politik im engeren Sinne interessiert sind. Dieses Ergebnis stimmt auch mit der Metaanalyse von Sibylle Reinhardt (2009a) überein, wonach Politik-Interesse auf der Stufe der Lebensform nicht mit dem Interesse auf der Stufe der Herrschaftsform einhergeht.

Gruppen, die sich hinsichtlich Politik-Einzelaspekten innerhalb des Themenkomplexes „politische Motivation" voneinander unterscheiden Eine Gruppe von 27 % der Schülerinnen und Schüler weist im Themenkomplex „politische Motivation" die geringste politische Motivation auf mit Mittelwerten zwischen ($M=1,13$ bis $M=1,50$). Dieses knappe Drittel aller Schülerinnen und Schüler kann als insgesamt stark unmotiviert bezeichnet werden. Es gibt hier wiederum eine Gruppe an Hochmotivierten, die aber wie auch schon im Themenkomplex „Politik-Interesse" mit 9 % aller Befragten sehr klein ist. Diese Gruppe wünscht sich für die Zukunft, noch *mehr mit den Eltern über Politik zu diskutieren*. Es gibt

6 Diskussion

also eine Gruppe, die (wie oben erwähnt) schon häufig mit den Eltern/Familie diskutiert und auch noch häufiger diskutieren möchte. Es wird hier deutlich, dass eine hohe politische Diskussionsbereitschaft im Elternhaus auch insgesamt mit ausgeprägtem Politik-Interesse korrespondiert. Die Korrelation zwischen (wahrscheinlich gebildetem bzw. diskussionsfreudigem) Elternhaus und politischem Interesse wird hier sehr deutlich. Diese Ergebnisse stimmen mit der politischen Sozialisationstheorie von Weiss (1981) überein, wonach vor allem die primäre aber auch die sekundäre Sozialisationsphase im Kindes- und Jugendalter eng mit den Erfahrungen im Elternhaus zusammenhängen.

Die übrigen drei Gruppen liegen zumeist zwischen den Mittelwerten der anderen Gruppen. Insgesamt gibt es keine offenkundigen Gemeinsamkeiten zwischen den Gruppen. Sie weisen alle ihren ganz eigenen Verlauf der Werte auf. Ähnliche Verläufe auf verschiedenen Niveaus lassen sich zwischen je zwei Gruppen feststellen.

Gruppen, die sich hinsichtlich Politik-Einzelaspekten innerhalb des Themenkomplexes „politische Handlungsbereitschaft" voneinander unterscheiden Es gibt vier Gruppen von Schülerinnen und Schülern mit insgesamt 93 % aller Befragten, die eine ähnliche Tendenz der „politischen Handlungsbereitschaft" und damit ähnliche „Ausschläge" in den Politik-Einzelaspekten nach oben und unten aufweisen, wobei sie sich auf sehr unterschiedlichen Niveaus befinden. Besonders die *Absicht, später wählen und abstimmen* zu gehen sowie *sich über die politischen Kandidaten zu informieren*, ist bei diesen Befragten recht hoch ausgeprägt. In den gleichen Gruppen ist die *Absicht, sich für Arme, für Menschenrechte* und für *Umweltschutz zu engagieren*, ebenfalls hoch ausgeprägt. Dagegen wollen diese Schülerinnen und Schüler eher nicht in eine Partei eintreten, sich auch nicht in Vereinen, Gemeinden oder NGOs politisch engagieren und auch eher nicht politisch aktiv werden, sie haben also kein *Interesse an friedlichen Demonstrationen* oder am Verfassen *von Leserbriefen gegen Ungerechtigkeiten*. Man könnte diese Gruppe als politisch konventionell handlungsbereit, als reflektierte Zuschauer (vgl. Buchstein 2002, S. 208; Milbrath 1977, S. 20 f.) und als sozial fürsorglich beschreiben; eine Gruppe, die sich aber ansonsten politisch eher passiv verhalten möchte.

Die 5. Gruppe, die mit 7 % das kleinste Cluster darstellt, bewegt sich mit ihren Einschätzungen zwischen den anderen Gruppen. Besonders auffällig ist bei dieser kleinen Gruppe allerdings die hohe Bereitschaft, politisch illegal zu handeln und beispielsweise *Protestsprüche auf Wände sprühen* zu wollen, den *Verkehr zu blockieren* oder *Gebäude zu besetzen*. Man kann bei dieser Gruppe aber insgesamt weniger von einer politisch aktiven Gruppe, von Aktivbürgern (vgl. Buchstein 2002, S. 209) bzw. Gladiatoren (vgl. Milbrath 1977, S. 20 f.) sprechen, da sie sich neben den erwähnten illegalen Absichten für keine der politischen Bereiche engagieren wollen.

Identifikation von Gruppen, die sich hinsichtlich des Gesamtinteresses an Politik auf unterschiedlichen Interessens- und Engagement-Ebenen voneinander unterscheiden Es ist auffällig, dass bis auf eine kleine Gruppe (Cluster 5) das Interesse und Engagement der Schülerinnen und Schüler ein analoges Profil aufweist, allerdings auf unterschiedlichem Niveau; besonders deutlich wird dies bei Gruppe 1 und 3. Die meisten Schülerinnen und Schüler antworten also tendenziell ähnlich, was aber nicht darüber hinwegtäuschen darf, dass sich die einen Schülergruppen auf einem Antwortniveau um den Wert 3 (Ausprägung *trifft eher zu*) und die anderen auf einem Antwortniveau zwischen 1 und 2 (Ausprägung *trifft nicht zu* bzw. *trifft eher nicht zu*) bewegen.

Erstaunlich ist die Tatsache, dass es bei allen Schülerinnen und Schülern (außer bei Gruppe 5, die aber nur 5 % der Befragten ausmacht) einen „Knick nach unten" gibt, wenn es um das *mikropolitische Engagement* geht. Sind also die Befragten staatspolitisch, gesellschaftlich- kommunalpolitisch und sozialpolitisch noch relativ interessiert und ebenfalls potenziell staatspolitisch engagiert, so fällt der Wert im Politik-Bereich *mikropolitisches Engagement* deutlich ab. Dies ist auch gerade bei Gruppe 2 auffällig, die zwar *gesellschaftlich-kommunalpolitisch* (also mikropolitisch) interessiert ist, aber ebenso wenig mikropolitische Engagementbereitschaft zeigt wie beispielsweise die *gesellschaftlich-kommunalpolitisch* uninteressierte Gruppe 4.

Die Engagementbereitschaft ist bei fast allen Gruppen gerade in dem Politik-Bereich am geringsten, in dem die Schülerinnen und Schüler am ehesten und am leichtesten zugänglich sich politisch engagieren könnten, also beispielsweise in der Gemeinde oder im Verein.

Die anfangs geäußerte Vermutung, dass *mikropolitisches* und *staatspolitisches Engagement* nicht dasselbe sind, kann durch die Datenauswertung bestätigt werden. Diesen Unterschied, der durch die vorliegenden Daten Bestätigung findet, beschreiben Breit und Eckensberger als „Kluft zwischen Gemeinschaft und Gesellschaft, Mikro- und Makroebene, Moral und Recht, Lebenswelt und System sowie informalen und formalen Institutionen" (Breit und Eckensberger 2004, S. 7).

Dieser Zusammenhang müsste evtl. mit Hilfe von qualitativen Zusatzbefragungen noch genauer untersucht werden, um zu eruieren, welche Gründe für das „Absacken" des mikropolitischen Engagements von den Befragten gegeben werden.

Teil III
Veränderung des Interesses an Politik durch politikvernetzte Projektarbeit: Jürg Aeppli und Volker Reinhardt

Einführung und Fragestellungen

Jürg Aeppli und Volker Reinhardt

Aufgrund der v. a. in Kap. 2.5 aufgeführten Überlegungen wird davon ausgegangen, dass eine politik- und demokratievernetzte Projektarbeit positive Auswirkungen auf das „politische Interesse", die „politische Motivation" und die „politische Handlungsbereitschaft" von Schülerinnen und Schüler haben könnte. In diesem Teil III „Veränderung des Interesses an Politik durch politikvernetzte Projektarbeit" soll der Frage nachgegangen werden, ob sich bei Sekundarstufenschülerinnen und -schülern, welche ein politikvernetztes Projekt durchgeführt haben, die erwarteten positiven Auswirkungen tatsächlich auch zeigen.

Zuerst soll einmal geklärt werden, was nachfolgend unter *politikvernetzter Projektarbeit* verstanden wird: Die Grundlage für ein politikvernetztes Projekt ist die Durchführung eines Projektes in einer Schulklasse bzw. schulklassenübergreifend. Es kann innerhalb eines Faches, fächerübergreifend oder fächerverbindend stattfinden. Das politikvernetzte Projekt beschäftigt sich mit einem explizit politisch-demokratischen Problem, einem politischen Interessensgegensatz oder Konflikt. Während des Projektes gibt es immer wieder reflexive Phasen, in denen (vor allem durch die Lehrperson) die Bezüge, also z. B. Gemeinsamkeiten und Unterschiede, des Projektes zum politischen System inhaltlich aufgegriffen werden. Diesen

---

J. Aeppli (✉)
Pädagogische Hochschule Luzern, Töpferstrasse 10, 6004 Luzern, Schweiz
E-Mail: juerg.aeppli@phlu.ch

V. Reinhardt
Politikwissenschaft, PH Weingarten, Weingarten, Deutschland
E-Mail: reinhardt@ph-weingarten.de

Minimalanforderungen muss jedes politikvernetzte Projekt gerecht werden. Über diese Minimalanforderungen hinaus ist es wünschenswert, dass gesellschaftliche oder besser politische Institutionen außerhalb der Schule beteiligt werden (z. B. Gemeinderat, Schulpflege, Parteien, Vereine, Verbände…). Diese Beteiligung der Institutionen muss immer wieder reflektiert werden. Diese letzte Forderung kann als Maximalziel verstanden werden, das eventuell nicht bei allen politikvernetzten Projekten erreicht werden kann.

Um auszuschließen, dass mögliche positive Effekte nach der Durchführung eines politikvernetzten Projektes alleine darauf zurückzuführen sind, dass sich die Schülerinnen und Schüler mit einem beliebigen Projekt – und nicht mit einem *politikvernetzten* Projekt – auseinandergesetzt haben und/oder das Ausfüllen von Fragebogen gewisse Auswirkungen haben könnte, sollen bei der Beantwortung der oben aufgeführten Fragestellung die Einschätzungen der Gruppe von Schülerinnen und Schülern, die ein politikvernetztes Projekt durchgeführt haben, mit einer anderen, ähnlich zusammengesetzten Gruppe von Schülerinnen und Schülern, die ein *Projekt ohne Bezug zur Politik* durchgeführt haben, verglichen werden. Die Hauptfragestellung für diesen Teil III lautet somit: *Weisen Sekundarstufenschülerinnen und -schüler nach der Durchführung eines politikvernetzten Projektes ein signifikant höheres Interesse an Politik auf – im Gegensatz zu Sekundarstufenschülerinnen und -schüler, die ein Projekt ohne Bezug zur Politik durchgeführt haben?*

Diese Hauptfragestellung wird in drei Unterfragestellungen unterteilt, indem das Interesse an Politik in drei Themenkomplexe aufgeteilt wird und jeder Themenkomplex separat untersucht wird. Die drei Fragestellungen zu den drei Themenkomplexen lauten dann wie folgt:

Fragestellung 1:
Weisen Sekundarstufenschülerinnen und -schüler nach der Durchführung eines politikvernetzten Projekts ein signifikant höheres Interesse auf in Einzelaspekten des Themenkomplexes „Politik-Interesse" im Gegensatz zu Sekundarstufenschülerinnen und -schülern, die ein Projekt ohne Bezug zur Politik durchgeführt haben?

Fragestellung 2:
Weisen Sekundarstufenschülerinnen und -schüler nach der Durchführung eines politikvernetzten Projekts ein signifikant höheres Interesse auf in Einzelaspekten des Themenkomplexes „politische Motivation" im Gegensatz zu Sekundarstufenschülerinnen und -schülern, die ein Projekt ohne Bezug zur Politik durchgeführt haben?

7 Einführung und Fragestellungen

> **Fragestellung 3:**
> Weisen Sekundarstufenschülerinnen und -schüler nach der Durchführung eines politikvernetzten Projekts ein signifikant höheres Interesse auf in Einzelaspekten des Themenkomplexes „politische Handlungsbereitschaft" im Gegensatz zu Sekundarstufenschülerinnen und -schülern, die ein Projekt ohne Bezug zur Politik durchgeführt haben?

Begriffsdefinitionen, Herleitung und Zuordnung von Einzelaspekte zu Themenkomplexen und zusätzliche Erläuterungen sind in Kap. 3.1 und auch in Kap. 4.2 aufgeführt und gelten ebenso für die in diesem Teil III beschriebene Untersuchung. Aufgrund der konzeptionellen und theoretischen Überlegungen lassen sich von diesen Fragestellungen jeweils folgende Hypothesen ableiten:

▶ **Hypothese 1** Das Interesse an Politik ist bei Sekundarstufenschülerinnen und -schülern, welche ein politikvernetztes Projekt durchgeführt haben, nach dem Projekt signifikant höher als vor dem Projekt – im Gegensatz zu Sekundarstufenschülerinnen und -schülern, welche ein Projekt ohne Bezug zur Politik durchgeführt haben. Bei der zuletzt genannten Gruppe sind keine signifikanten Veränderungen hinsichtlich des Interesses an Politik festzustellen.

▶ **Hypothese 2** Die Motivation, sich mit Politik zu beschäftigen, ist bei Sekundarstufenschülerinnen und -schülern, welche ein politikvernetztes Projekt durchgeführt haben, nach dem Projekt signifikant höher als vor dem Projekt – im Gegensatz zu Sekundarstufenschülerinnen und -schülern, welche ein Projekt ohne Bezug zur Politik durchgeführt haben. Bei diesen sind keine signifikanten Veränderungen hinsichtlich Motivation, sich mit Politik zu beschäftigen, festzustellen.

▶ **Hypothese 3** Die politische Handlungsbereitschaft ist bei Sekundarstufenschülerinnen und -schülern, welche ein politikvernetztes Projekt durchgeführt haben, nach dem Projekt signifikant höher als vor dem Projekt – im Gegensatz zu Sekundarstufenschülerinnen und -schülern, welche ein Projekt ohne Bezug zu Politik durchgeführt haben. Bei diesen sind keine signifikanten Veränderungen hinsichtlich politischer Handlungsbereitschaft festzustellen.

Es soll betont werden, dass die Überprüfung der Hypothesen explorativen Charakter hat und es in erster Linie darum gehen soll, mögliche Politik-Einzelaspekte identifizieren zu können, die für Gruppenunterschiede eine Bedeutung haben könnten.

Methode

Jürg Aeppli und Volker Reinhardt

Die in Teil II beschriebene Untersuchung bildet die Grundlage der in diesem Teil III folgenden Studie: Die Stichprobe, die Erhebungsinstrumente und die Durchführung der Erhebung ist für diesen Teil III weitgehend mit Teil II identisch. Der Hauptunterschied besteht vor allem darin, dass der Fragebogen nicht nur ein einziges Mal, sondern ein zweites Mal *nach* der Durchführung der Projekte eingesetzt wurde. Deshalb werden in diesem Kap. 8 nur noch zusätzliche, neue Informationen aufgeführt. Ansonsten wird auf das Kap. 4 „Methode" des Teils II verwiesen.

8.1 Stichprobe

Die Stichprobe besteht aus 310 Schülerinnen und Schülern aus insgesamt 15 Sekundarschulklassen von insgesamt 13 Gemeinden der Zentralschweiz und einer Gemeinde des Kantons Zürich von 15 Lehrpersonen, die im Jahre 2007 im SL-Studiengang der Pädagogischen Hochschule Zentralschweiz Luzern eingeschrieben waren (weitere Details s. Kap. 4.1).

J. Aeppli (✉)
Pädagogische Hochschule Luzern, Töpferstrasse 10, 6004 Luzern, Schweiz
E-Mail: juerg.aeppli@phlu.ch

V. Reinhardt
Politikwissenschaft, PH Weingarten, Weingarten, Deutschland
E-Mail: reinhardt@ph-weingarten.de

© Springer Fachmedien Wiesbaden 2015
V. Reinhardt (Hrsg.), *Jugend und Politik,* Politische Bildung,
DOI 10.1007/978-3-658-08272-7_8

Tab. 8.1 Soziodemographische Angaben der Gruppe von Schülerinnen und Schülern, die ein politikvernetztes Projekt durchgeführt hat ($n=154$), und der Gruppe, die ein Projekt ohne Bezug zu Politik durchgeführt hat ($n=104$)

Geschlecht	Knaben			Mädchen			
Experimentalgr	51,3%			48,7%			
Kontrollgr	51,9%			48,1%			
Alter in Jahren	11	12	13	14	15	16	17
Experimentalgr	2%	10,5%	28,1%	32,7%	14,4%	11,8%	0,7%
Kontrollgr	–	12,7%	37,3%	34,3%	15,7%	–	–
Staatsangehörigkeit	Schweiz	Spanien	Italien	Portugal	Aus dem ehem. Jugoslawien	Andere	
Experimentalgr	79,2%	0,6%	1,3%	1,3%	12,3%	5,2%	
Kontrollgr	58,7%	3,8%	6,7%	2,9%	13,5%	14,4%	
Stufe	1	2	3				
Experimentalgr	40,3%	37,0%	22,7%				
Kontrollgr	50%	41,3%	8,7%				
Klassennivea	A	B	C	C inkl. D	Nicht zuzuordnen		
Experimentalgr	11,0%	39,3%	18,2%	14,9%	16,9%		
Kontrollgr	46,2%	19,2%	18,3%	16,3%	–		
Bereits Politik im Unterricht gehabt	Ja					Nein	
	8 Std.	12 Std.	15 Std.	20 Std.			
Experimentalgr	–	11%	14,3%	–		74,7%	
Kontrollgr	9,6%	8,7%	–	15,4%		66,3%	

Da Informationen zu zwei Zeitpunkten miteinander verglichen werden (*vor* und *nach* der Durchführung eines Projekts) und gewisse Schülerinnen und Schüler nicht zu beiden Zeitpunkten anwesend waren (Gründe dafür waren z. B. Krankheit, Abwesenheit wegen speziellen Förderprogrammen etc.) reduzierte sich die Stichprobe auf 258 vollständige Datensätze.

Die Gruppe von Schülerinnen und Schülern, die ein politikvernetztes Projekt durchgeführt hat (Experimentalgruppe), besteht aus 75 Schülerinnen und 79 Schülern; die Gruppe von Schülerinnen und Schülern, die ein Projekt ohne Bezug zur Politik durchgeführt haben, besteht aus 50 Schülerinnen und 54 Schülern. In Tab. 8.1 sind die Unterschiede zwischen Experimentalgruppe und Kontrollgruppe hinsichtlich relevanter soziodemographischer Variablen aufgeführt.

Wie aus Tab. 8.1 ersichtlich ist, bestehen zwischen der Experimental- und der Kontrollgruppe hinsichtlich Geschlecht, Alter und Schülerinnen und Schülern, die bereits Politik im Unterricht gehabt haben, keine großen Unterschiede. Bezüglich Staatsangehörigkeit und Stufe sind gewisse Unterschiede zu erkennen: In der Experimentalgruppe haben rund 80% der Schülerinnen eine Schweizer Staatsangehörigkeit und es befinden sich rund 23% in der 3. Oberstufe, im Gegensatz zur Kontrollgruppe, wo rund 60% eine Schweizer Staatsangehörigkeit haben und sich nur rund 9% in der 3. Oberstufe befinden.

Größere Unterschiede bestehen hinsichtlich Klassenniveau: Während sich bei der Experimentalgruppe nur 11% der Schülerinnen und Schüler im Klassenniveau A befinden (das Klassenniveau A ist das höchste Sekundarklassenniveau außerhalb des Gymnasiums), sind es bei der Kontrollgruppe rund 46%.

8.2 Erhebungsinstrumente

Für die Beantwortung der Fragestellungen wurde der Fragebogen eingesetzt, der schon für die Untersuchung in Teil II (s. Kap. 4.2 „Erhebungsinstrumente") eingesetzt wurde. Dabei sind die Items des Fragebogens, der *vor* der Durchführung der Projekte eingesetzt wurde, und die Items des Fragebogens, der *nach* Beendigung der Projekte eingesetzt wurde, identisch: Die Schülerinnen und -schüler geben im Hauptteil ihre Einschätzungen zu den drei Themenkomplexen „Interesse an Politik", „Motivation, sich mit Politik zu beschäftigen" und „politische Handlungsbereitschaft" an, wobei zu den Items jeweils eine vierstufige Antwortskala mit den Ausprägungen *„trifft nicht zu"*, *„trifft eher nicht zu"*, *„trifft eher zu"* und *„trifft zu"* zur Verfügung steht. Der Wortlaut aller Items ist in Anhang A enthalten.

8.3 Design der Untersuchung und Durchführung

Die Untersuchung in Teil III wurde als 2-Gruppen-Pretest-Posttest konzipiert. Die Schülerinnen und Schüler befanden sich in der Experimentalgruppe („Durchführung eines politikvernetzten Projekts"), wenn ihre Lehrerinnen und Lehrer das Modul „Projektunterricht in der politischen Bildung" an der Pädagogischen Hochschule Zentralschweiz (Luzern) besuchten. Die Schülerinnen und Schüler befanden sich in der Kontrollgruppe („Durchführung eines Projekts ohne Bezug zur Politik"), wenn ihre Lehrerinnen und Lehrer an der Pädagogischen Hochschule Zentralschweiz (Luzern) das Modul „Projektunterricht und Projektmanagement" besuchten.

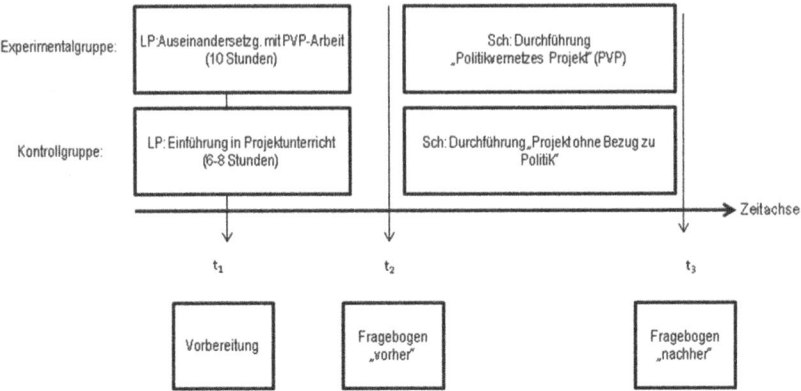

Abb. 8.1 Untersuchungsdesign

Die Lehrpersonen der Experimentalgruppe wurden in einem kurzen Training von ca. 10 h für die Durchführung einer politikvernetzten Projektarbeit vorbereitet. Alle Lehrpersonen der Experimentalgruppe studierten das Unterrichtsfach Geschichte/Politik. Die Lehrpersonen der Kontrollgruppe wurden nicht mit politikvernetzter Projektarbeit vertraut gemacht, sondern wurden nur allgemein über die Erfordernisse und Planungen des Projektunterrichts unterwiesen (vgl. Frey 2002). In Abb. 8.1 ist das Untersuchungsdesign dargestellt.

Die Lehrpersonen der Experimentalgruppe mussten für ihre politikvernetzte Projektarbeit folgende Bedingungen einhalten:

a. Das Projekt beschäftigt sich mit einem explizit politischen Problem, einem politischen Konflikt,
b. während des Projektes gibt es immer wieder reflexive Phasen, in denen durch die Lehrperson die Bezüge (z. B. Gemeinsamkeiten und Unterschiede) zum politischen System inhaltlich aufgegriffen und gelehrt werden,
c. gesellschaftliche oder besser politische Institutionen außerhalb der Schule werden beteiligt (z. B. Gemeinderat, Schulpflege, Parteien, Vereine, Verbände…),
d. die Projektphasen und -merkmale sind nachvollziehbar.

Die Lehrpersonen der Kontrollgruppe waren in ihrer thematischen Projektgestaltung dagegen frei. Es wurde übergeprüft, dass diese keine politikvernetzte Projektarbeit durchführten.

Die Themen der Experimentalgruppe, in der jeweils ein politikvernetztes Projekt durchgeführt wurde, waren sehr offen gehalten, nur die oben beschriebenen Bedingungen für eine Politikvernetzung mussten eingehalten werden. Die Projekte erstreckten sich über unterschiedliche Politik-Bereiche der Makropolitik zu den Themen Gemeinde und Gemeindeverwaltung, Migration und Einbürgerung, Kantonale Wahlen und Debattieren/Parteien.

Im Rahmen eines Moduls der Ausbildung an der Pädagogischen Hochschule Zentralschweiz (Luzern) mussten die teilnehmenden Studierenden (die gleichzeitig als hauptamtliche Lehrpersonen in ihren Schulklassen arbeiten) in ihren Oberstufenklassen, an denen sie unterrichten, ihre Schülerinnen und Schüler vor Durchführung des Projektes mittels Fragebogen befragen. Der Ablauf der Untersuchung war für beide Gruppen identisch:

1. Einsatz des Vorher-Fragebogens
2. Durchführung des Projekts
3. Einsatz des Nachher-Fragebogens direkt nach Beendigung des Projekts

Wie für den Fragebogen, der vor der Durchführung der Projekte eingesetzt wurde, gilt auch für das Ausfüllen des Nachher-Fragebogens: Die Fragebogen wurden während des Unterrichts ausgefüllt. Die Studierenden erhielten dabei schriftliche Instruktionen, wie bei der Durchführung vorzugehen ist, um eine möglichst standardisierte Datenaufnahme zu ermöglichen (Instruktion s. Anhang N). Für das Ausfüllen der Fragebogen wurden rund 15–25 min zur Verfügung gestellt.

Bei Vorher- und Nachher-Fragebogen wurde die Anonymität für die teilnehmenden Schülerinnen und Schüler erkennbar gewahrt, indem für die Fragebogen ausschließlich mit alphanumerischen Codes gearbeitet wurde.

Zwischen Einsatz des Vorher-Fragebogens und Einsatz des Nachher-Fragebogens lagen je nach Projekt 4 bis 8 Wochen. In beiden Untersuchungsgruppen wurde während 8–10 Doppellektionen ein Projekt durchgeführt. Der Unterschied zwischen den beiden Gruppen sollte somit nur in der Art des Projektes, das durchgeführt wurde, liegen.

8.4 Auswertung

Um Aussagen zum „Politik-Interesses", zur „politischen Motivation" und zur „politischen Handlungsbereitschaft" von Sekundarstufenschülerinnen und -schüler machen zu können, wurden arithmetische Mittelwerte und Standardabweichungen der Einschätzungen der Schülerinnen und Schüler berechnet. Da die Antwortskalen zu den Items streng genommen ordinal skaliert sind (vierstufige Antwortskala mit den Ausprägungen *trifft nicht zu*", *trifft eher nicht zu*", *trifft eher zu*" und *trifft zu*"), sind die Mittelwerte und Standardabweichungen mit gewisser Vorsicht zu interpretieren. Die arithmetischen Mittelwerte und Standardabweichungen wurden dennoch aufgeführt, weil diese in vergleichbaren Untersuchungen häufig angegeben werden und dadurch eine Vergleichbarkeit der Daten erleichtert wird. Arithmetische Mittelwerte wurden in statistischen Verfahren eingesetzt, wenn gewisse Verfahren eine Intervallskalierung voraussetzen, ohne die man kaum zu solchen inhaltlich sinnvollen Ergebnissen gelangen würde.

Da sich in einem Themenkomplex bzw. in einem Politik-Bereich Items unterschiedlichen Inhalts befinden, wurde auf die Berechnung von arithmetischen Mittelwerten und Standardabweichungen zu einem ganzen Politik-Bereich bzw. Themenkomplex verzichtet.

In diesem Teil III soll überprüft werden, ob sich nach der Durchführung eines politikvernetzten Projekts das Interesse der Schülerinnen und Schüler an einem Politik-Einzelaspekt signifikant verändert. Dabei werden die Schülerinnen und Schüler, die ein politikvernetztes Projekt durchgeführt haben (*Experimentalgruppe*), verglichen mit Schülerinnen und Schülern, die ein Projekt ohne Bezug zur Politik durchgeführt haben (*Kontrollgruppe*).

Für die Untersuchung wurden univariate Analysen gewählt. Gemäß Bortz (2005, S. 586) sind univariate Ansätze unter gewissen Randbedingungen zu rechtfertigen (auch wenn eigentlich multivariate Überprüfungen angebracht sind):

- *Die abhängigen Variablen sind zumindest theoretisch als wechselseitig unabhängig vorstellbar.*
- *Die Untersuchung dient nicht der Überprüfung von Hypothesen, sondern der Erkundung der wechselseitigen Beziehung der abhängigen Variablen untereinander und ihrer Bedeutung für Gruppenunterschiede.*
- *Man beabsichtigt, die Ergebnisse der Untersuchung mit bereits durchgeführten univariaten Analysen zu vergleichen (Bortz 2005, S. 586).*

Die abhängigen Variablen dieser Untersuchung (Politik-Einzelaspekte) sind zumindest theoretisch als wechselseitig unabhängig vorstellbar, da aufgrund theoretischer Überlegungen unterschiedlichste Einzelaspekte einem Politik-Bereich zugeordnet worden sind. Zudem soll die Untersuchung explorativen Charakter haben, in der es nicht in erster Linie um die Überprüfung von Hypothesen geht, sondern dass mögliche Einzelaspekte identifiziert werden können, die für Gruppenunterschiede eine Bedeutung haben könnten. Für die Überprüfung der Fragestellung wurde deshalb eine zweifaktorielle Varianzanalyse mit Messwiederholung durchgeführt mit den unabhängigen Variablen *Zeitpunkt* (vorher, nachher) und *Gruppe* (politikvernetztes Projekt, Projekt ohne Bezug zu Politik) und als abhängige Variable jeweils die *Politik-Einzelaspekte*.

Für die Anwendung der zweifaktoriellen Varianzanalyse wird vorausgesetzt, dass die Ausprägungen der abhängigen Variablen (Einzelaspekte) in den Populationen

Tab. 8.2 Schema zur Ermittlung des Treatmenteffektes. (nach Bortz und Döring 2003, S. 559)

	Pretest	Posttest	Differenz
Experimentalgruppe	E1	E2	E = E1 − E2
Kontrollgruppe	K1	K2	K = K1 − K2
			Nettoeffekt = E − K

näherungsweise normalverteilt sind. Dies wurde aufgrund der Häufigkeitsverteilung der Ausprägungen der Items angenommen. Ebenso müssen homogene Stichprobenvarianzen und homogene Stichprobenkorrelationen vorhanden sein. Dies wurde jeweils mit dem Mauchly Sphericity-Test geprüft.

Die formulierten Hypothesen können dann angenommen werden, wenn sich zeigt, dass Schülerinnen und Schüler nach der Durchführung eines politikvernetzten Projekts signifikant höheres Interesse an Politik aufweisen als Schülerinnen und Schüler, die ein Projekt ohne Bezug zur Politik durchgeführt haben. Gemäß Bortz (2003, S. 559) kann der „Netto-Effekt" des Treatments ermittelt werden, in dem man nach Rossi und Freeman (1985, S. 238) die Differenz der Veränderung in der Experimental- und der Kontrollgruppe berechnet (s. dazu das Schema zur Ermittlung des Treatmenteffektes in Tab. 8.2). Dies wurde in diesem Teil der Untersuchung so gehandhabt.

Ein statistisch signifikanter „Netto-Effekt" ist dann gegeben, wenn sich eine überzufällige Einflussnahme der Interaktion der Gruppe (*politikvernetztes Projekt, Projekt ohne Bezug zur Politik*) und des Zeitpunkts (*vorher, nachher*) auf die abhängige Variable (Politik-Einzelaspekte) ergibt. Um besser abschätzen zu können, ob etwaige signifikante Interaktionseffekte eher auf die Experimental- oder die Kontrollgruppe zurückzuführen sind, wurden zusätzlich Einzeltests berechnet (t-Tests für abhängige Stichproben).

Ergebnisse 9

Jürg Aeppli und Volker Reinhardt

In diesem Kapitel ist aufgeführt, ob sich die erwarteten positiven Auswirkungen (Erhöhung des Interesses bei Sekundarstufenschülerinnen und -schülern, welche ein politikvernetztes Projekt durchgeführt haben) tatsächlich auch feststellen lassen – im Gegensatz zur Gruppe von Schülerinnen und Schülern, die ein Projekt ohne Bezug zur Politik durchgeführt haben.

Aufgrund der formulierten Hypothesen wird davon ausgegangen, dass eine politikvernetzte Projektarbeit positive Auswirkungen auf das „politische Interesse", die „politische Motivation" und die „politische Handlungsbereitschaft" von Schülerinnen und Schüler haben wird. Im ersten Unterkapitel werden auf die Befunde zum Themenkomplex „politisches Interesse" und in den beiden folgenden Unterkapiteln auf Befunde zu den Themenkomplexen „politische Motivation" und „politische Handlungsbereitschaft" eingegangen.

J. Aeppli (✉)
Pädagogische Hochschule Luzern, Töpferstrasse 10, 6004 Luzern, Schweiz
E-Mail: juerg.aeppli@phlu.ch

V. Reinhardt
Politikwissenschaft, PH Weingarten, Weingarten, Deutschland
E-Mail: reinhardt@ph-weingarten.de

© Springer Fachmedien Wiesbaden 2015
V. Reinhardt (Hrsg.), *Jugend und Politik,* Politische Bildung,
DOI 10.1007/978-3-658-08272-7_9

9.1 Veränderungen hinsichtlich Einzelaspekte des Themenkomplexes „Politik-Interesse"

Die erste in diesem Teil III zu prüfende Hypothese bezieht sich auf die Fragestellung, ob Sekundarstufenschülerinnen und -schüler nach der Durchführung eines politikvernetzten Projekts signifikant höheres Interesse in Einzelaspekten des Themenkomplexes „Politik-Interesse" aufweisen – im Gegensatz zu Sekundarstufenschülerinnen und -schülern, die ein Projekt ohne Bezug zur Politik durchgeführt haben.

Der Themenkomplex „Politik-Interesse" besteht aus drei Politik-Bereichen; nämlich dem Politik-Bereich *Interesse an verschiedenen Ebenen der Politik*, dem Politik-Bereich *Interesse an Informationen über politische Themen* und dem Politik-Bereich *Interesse an politischen Diskussionen*.

Zunächst werden die deskriptiven Befunde der beiden Gruppen (*politikvernetztes Projekt, Projekt ohne Bezug zur Politik*) zu den zwei verschiedenen Zeitpunkten (*vor* und *nach* Durchführung des Projekts) miteinander verglichen. Folgende Kennwerte wurden berechnet:

- M_{pvp-v} = *arithmetischer Mittelwert der Gruppe PVP im Vortest (Experimentalgruppe)*,
- M_{pvp-n} = *arithmetischer Mittelwert der Gruppe PVP im Nachtest (Experimentalgruppe)*,
- $M_{k-pvp-v}$ = *arithmetischer Mittelwert der Gruppe „kein PVP" im Vortest (Kontrollgruppe)*,
- $M_{k-pvp-n}$ = *arithmetischer Mittelwert der Gruppe „kein PVP" im Nachtest (Kontrollgruppe)*,
- $\Delta pvp\text{-}v\text{-}n - \Delta kpvp\text{-}v\text{-}n$ = *Nettoeffekt* = *Differenz der Veränderung in der Gruppe „PVP" (Experimentalgruppe) und der Gruppe „kein PVP" (Kontrollgruppe); s. dazu Tab. 8.2.*

Diese Kennwerte sind in Tab. 9.1 aufgeführt.

Wie aus Tab. 9.1 entnommen werden kann, zeigen die Ergebnisse der zweifaktoriellen Varianzanalyse mit Messwiederholung nur wenige signifikante *Interaktionseffekte* und einige signifikante Haupteffekte, die nur auf den *Zeitfaktor* bzw. nur auf den *Gruppenzugehörigkeitsfaktor* zurückzuführen sind. Auf diese in Tab. 9.1 aufgeführten Befunde wird genauer eingegangen:

Tab. 9.1 Mittelwerte des Ausmaßes des Interesses der Schülerinnen und Schüler an Politik-Einzelaspekten zum Themenkomplex „Politik-Interesse" vor und nach der Durchführung des Projekts

Themenkomplex „Politik-Interesse"		Gruppe „PVP"			Gruppe „kein PVP"			Nettoeffekt PVP-kein PVP: Δpvp-v-n − Δk-pvp-v-n	Signifikante Effekte
		Vorher Mpvp-v (SDpvp-v)	Nachher Mpvp-n (SDpvp-n)	Differenz v-n Δpvp-v-n	Vorher Mk-pvp-v (SDk-pvp-v)	Nachher Mk-pvp-n (SDk-pvp-n)	Differenz v-n Δk-pvp-v-n		
Interesse an verschiedenen Ebenen der Politik	Interesse an Politik in der Gemeinde	2,20 (0,80)	2,31 (0,82)	−0,11	2,19 (0,95)	2,16 (0,83)	0,03	−0,14	N.s.
	Interesse an Politik im Kanton	2,18 (0,80)	2,25 (0,75)	−0,07	2,17 (0,90)	2,21 (0,82)	−0,04	−0,03	N.s.
	Interesse an Politik im Bund	2,20 (0,86)	2,22 (0,87)	−0,02	2,24 (0,92)	2,27 (0,94)	−0,03	0,01	N.s.
	Interesse an Politik in der EU	2,19 (0,85)	2,07 (0,88)	0,12	2,26 (0,91)	2,37 (0,98)	−0,11	0,23	Gruppe x Zeit – Interaktion: $F(1,253) = 3,83$, $p = 0,52$
	Interesse an Politik in der Welt	2,41 (0,90)	2,38 (0,99)	0,03	2,65 (0,97)	2,66 (0,97)	−0,01	0,04	Nur Gruppe: $F(1,253) = 6,29$, $p = 0,013$
	Interesse an Politik in den Parteien	1,89 (0,80)	1,95 (0,79)	−0,06	1,96 (0,83)	1,93 (0,81)	0,03	−0,09	N.s.
	Interesse an Politik in den Vereinen	2,58 (1,07)	2,52 (0,99)	0,06	2,54 (1,03)	2,38 (1,0)	0,16	−0,10	N.s.

Tab. 9.1 (Fortsetzung)

Themenkomplex „Politik-Interesse"		Gruppe „PVP"			Gruppe „kein PVP"			Nettoeffekt* PVP-kein PVP: Δpvp-v-n − Δk-pvp-v-n	Signifikante Effekte
		Vorher Mpvp-v (SDpvp-v)	Nachher Mpvp-n (SDpvp-n)	Differenz v − n Δpvp-v-n	Vorher Mk-pvp-v (SDk-pvp-v)	Nachher Mk-pvp-n (SDk-pvp-n)	Differenz v − n Δk-pvp-v-n		
Interesse an Informationen über politische Themen	Interesse an Informationen über die Gemeinde	2,45 (0,92)	2,45 (0,95)	0	2,26 (1,0)	2,38 (0,97)	−0,12	0,12	N.s.
	Interesse an Informationen über den Kanton	2,50 (0,85)	2,38 (0,84)	0,12	2,26 (0,95)	2,39 (0,90)	−0,13	0,25	Gruppe x Zeit – Interaktion: $F(1, 255) = 4{,}15$, $p = 0{,}043$
	Interesse an Informationen über die Schweiz	2,70 (0,83)	2,59 (0,88)	0,11	2,68 (0,84)	2,68 (0,95)	0	0,11	N.s.
	Interesse an Informationen über die Welt	2,75 (0,88)	2,79 (0,97)	−0,04	2,90 (0,86)	2,79 (0,97)	0,11	−0,15	Nur Gruppe: $F(1, 255) = 4{,}61$, $p = 0{,}033$ Nur Zeit: $F(1, 255) = 10{,}12$, $p = 0{,}002$
	Interesse an Informationen in TV-Nachrichten	2,94 (0,86)	2,79 (0,98)	0,15	3,13 (0,84)	2,92 (0,94)	0,21	−0,06	Nur Zeit: $F(1, 255) = 10{,}89$, $p = 0{,}001$
	Interesse an Informationen aus dem Internet	1,45 (0,63)	1,62 (0,75)	−0,17	1,54 (0,78)	1,57 (0,81)	−0,03	−0,14	Nur Zeit: $F(1, 254) = 3{,}67$, $p = 0{,}056$

Tab. 9.1 (Fortsetzung)

Themenkomplex, Politik-Interesse		Gruppe „PVP"			Gruppe „kein PVP"			Nettoeffekt" PVP-kein PVP: Δpvp-v-n − Δk-pvp-v-n	Signifikante Effekte
		Vorher Mpvp-v (SDpvp-v)	Nachher Mpvp-n (SDpvp-n)	Differenz v−n Δpvp-v-n	Vorher Mk-pvp-v (SDk-pvp-v)	Nachher Mk-pvp-n (SDk-pvp-n)	Differenz v−n Δk-pvp-v-n		
Interesse an politischen Diskussionen	Interesse an Diskussionen mit Gleichaltrigen	1,69 (0,76)	1,85 (0,82)	−0,16	1,66 (0,84)	1,71 (0,82)	−0,05	−0,11	N.s.
	Interesse an Diskussionen mit der Familie	2,10 (0,96)	2,13 (0,91)	−0,03	2,04 (0,87)	2,23 (0,97)	−0,19	0,16	N.s.
	Interesse an Diskussionen mit Lehrperson	1,72 (0,80)	2,03 (0,83)	−0,31	1,83 (0,90)	1,88 (0,94)	−0,05	−0,26	Gruppe x Zeit – Interaktion: $F(1, 254) = 4,94$, $p = 0,027$ Nur Zeit: $F(1, 254) = 10,47$, $p = 0,001$

verwendete Skala 1 = trifft nicht zu, 2 = trifft eher nicht zu, 3 = trifft eher zu, 4 = trifft zu,
Standardabweichungen in Klammer; nk-pvp = 103–104, npvp = 151–154.
„Gruppe PVP" = Gruppe mit politikvernetztem Projekt, „Gruppe kein PVP" = Gruppe mit Projekt ohne Bezug zu Politik.
Mpvp-v = arithmetischer Mittelwert der Gruppe PVP im Vortest, Mpvp-n = arithmetischer Mittelwert der Gruppe PVP im Nachtest,
Mk-pvp-v = arithmetischer Mittelwert der Gruppe „kein PVP" im Vortest,
Mk-pvp-n = arithmetischer Mittelwert der Gruppe „kein PVP" im Nachtest.
Nettoeffekt = Differenz der Veränderung in der Gruppe „PVP" (Experimentalgruppe) und der Gruppe „kein PVP" (Kontrollgruppe):
Δpvp-v-n − Δkpvp-v-n.
Signifikante Effekte = Effekte, die auf „Zeitpunkt", „Gruppenzugehörigkeit" oder Interaktion „Zeitpunkt x Gruppenzugehörigkeit" zurückzuführen sind.

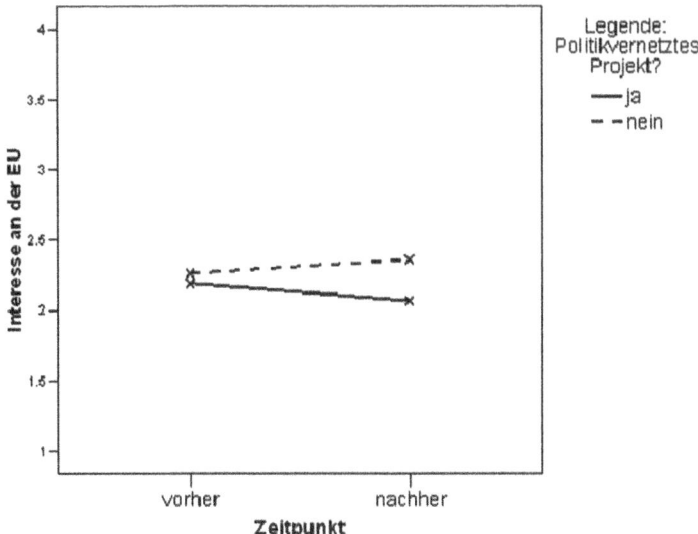

Abb. 9.1 Veränderung des „Interesses an Politik der EU" vor- und nach der Durchführung eines Projektes zwischen den beiden Gruppen „politikvernetztes Projekt" und „Projekt ohne Bezug zur Politik". (Anmerkungen: verwendete Skala 1 = trifft nicht zu, 2 = trifft eher nicht zu, 3 = trifft eher zu, 4 = trifft zu, nk-pvp = 104, npvp = 151)

Signifikante Effekte hinsichtlich Interaktion „Gruppenzugehörigkeit" x „Zeitpunkt"

Hinsichtlich des Einzelaspekts *Interesse an der Politik der EU* lässt sich eine tendenziell signifikante Veränderung ($p = 0{,}052$; F $(1, 253) = 3{,}83$) feststellen: Während sich das *Interesse an der Politik der EU* bei der Gruppe, die kein politikvernetztes Projekt durchgeführt hat (*kein PVP*), leicht erhöht (Δk-pvp-v-n = $-0{,}11$), ist bei der Gruppe, die ein politikvernetztes Projekt durchgeführt (*PVP*) hat, das Interesse nachher geringer (Δpvp-v-n = $0{,}12$). Dieser Interaktionseffekt ist in Abb. 9.1 veranschaulicht. Um besser abschätzen zu können, worauf diese signifikanten Resultate vor allem zurückzuführen sind, wurden t-Tests für abhängige Stichproben (2-seitige Signifikanz) durchgeführt. Die Tests zeigen, dass die Veränderungen im *Interesse an der Politik der EU* weder in der Gruppe, die kein Projekt mit Bezug zur Politik durchgeführt hat ($t(103) = -1{,}18, p = 0{,}24$), noch in der Gruppe, die ein politikvernetztes Projekt durchgeführt hat [$t(150) = 1{,}64$, $p = 0{,}10$], signifikant ausfallen.

Ebenfalls zeigt die Interaktion „*Gruppenzugehörigkeit*" x „*Zeitpunkt*" eine signifikante Einflussnahme auf das Interesse an *Informationen lesen in der Zeitung über*

9 Ergebnisse

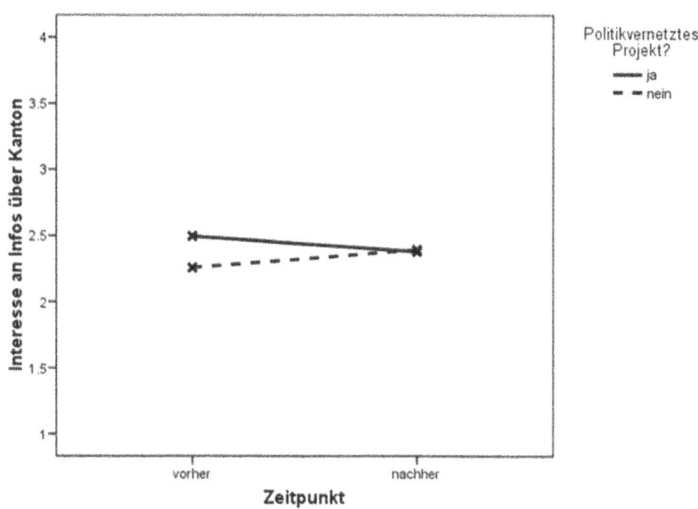

Abb. 9.2 Veränderung des „Informationsinteresses über den Kanton" vor- und nach der Durchführung eines Projektes zwischen den beiden Gruppen „politikvernetztes Projekt" und „Projekt ohne Bezug zur Politik". (Anmerkungen: verwendete Skala 1=trifft nicht zu, 2=trifft eher nicht zu, 3=trifft eher zu, 4=trifft zu, nk-pvp=104, npvp=153)

Kanton (p = 0,043). Während bei der Gruppe mit *politikvernetztem Projekt* das Interesse im Nachtest niedriger eingeschätzt wird (ΔMpvp-n − Mpvp-v = 0,12), wird es im *Projekt ohne Bezug zur Politik* höher eingeschätzt (ΔMkpvp-n − Mkpvp-v = −0,13). Dieser Interaktionseffekt ist in Abb. 9.2 dargestellt. Auch hier zeigte sich, dass die Veränderungen im *Interesse an Informationen lesen in der Zeitung über Kanton* weder bei der Gruppe, die kein Projekt mit Bezug zu Politik durchgeführt hat [$t(103) = -1{,}35$, $p = 0{,}18$], noch bei der Gruppe, die ein politikvernetztes Projekt durchgeführt hat [$t(152) = 1{,}54$, $p = 0{,}17$], signifikant ausfallen.

Es zeigte sich noch eine dritte signifikante Interaktion beim Themenkomplex „Politik-Interesse": Die Interaktion „*Gruppenzugehörigkeit*" x „*Zeitpunkt*" zeigt eine signifikante Einflussnahme auf das *Interesse an Diskussionen mit der Lehrperson* ($p = 0{,}027$). Wie auch aus Abb. 9.3 ersichtlich ist, bleibt bei Schülerinnen und Schülern, die ein Projekt ohne Bezug zur Politik durchgeführt haben, das Interesse auf einem ähnlich hohen Niveau (ΔMkpvp-n − Mkpvp-v = −0,05), während dem sich bei Schülerinnen und Schülern, die ein politikvernetztes Projekt durchgeführt haben, das Interesse nach der Durchführung erhöht (ΔMkpvp-n − Mkpvp-v = −0,31). Die signifikanten Resultate können vor allem auf die Gruppe, die ein politikvernetztes Projekt durchgeführt hat, zurückgeführt

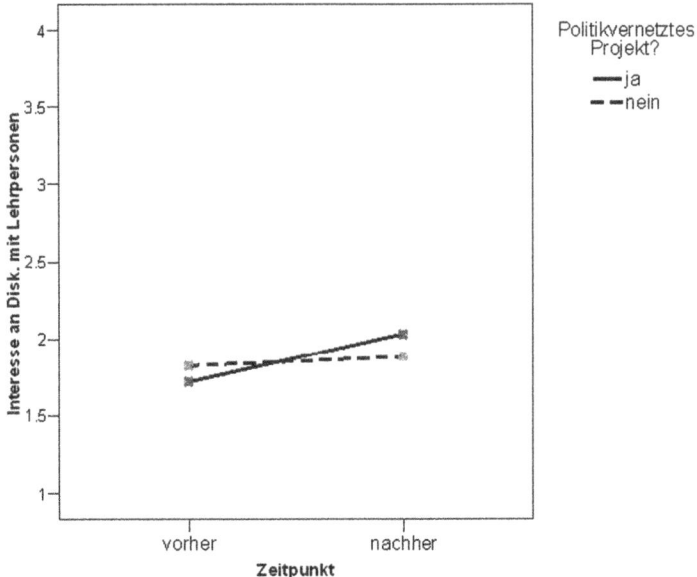

Abb. 9.3 Veränderung des „Interesses an Diskussionen mit Lehrpersonen" vor- und nach der Durchführung eines Projektes zwischen den beiden Gruppen „politikvernetztes Projekt" und „Projekt ohne Bezug zur Politik". (Anmerkungen: verwendete Skala 1 = trifft nicht zu, 2 = trifft eher nicht zu, 3 = trifft eher zu, 4 = trifft zu, nk-pvp = 103, npvp = 153)

werden, da sich das Interesse vor und nach dem *politikvernetzten* Projekt hinsichtlich *Interesse an Diskussionen mit der Lehrperson* hoch signifikant unterscheidet, $t(152) = -4{,}66$, $p < 0{,}001$; im Gegensatz zur Gruppe, die ein Projekt ohne Bezug zur Politik durchgeführt hat, bei der sich keine signifikanten Effekte zwischen vorher und nachher zeigen, $t(102) = -59$, $p = 0{,}56$.

Es zeigte sich bei diesem Einzelaspekt zudem ein signifikanter Effekt ($p = 0{,}001$), der nur auf den Zeitpunkt zurückzuführen ist (Details s. weiter unten).

Signifikante Effekte hinsichtlich „Zeitpunkt" Bei vier von insgesamt 16 Einzelaspekten zeigt sich ein Unterschied, der allein auf den Zeitpunkt der Erhebung (*vorher, nachher*) zurückzuführen ist, wenn die Variable *Gruppe* nicht beachtet wird: Bei den zwei Einzelaspekten *Informationen lesen in der Zeitung über die Welt (p = 0,002)* und *Nachrichtensendung im Fernsehen sehen (p = 0,001)*, geben die Schülerinnen und Schüler in der Nachher-Befragung niedrigere Werte an bezüglich:

9 Ergebnisse

- *Informationen lesen in der Zeitung über die Welt* $M_{alle-v} = 2{,}81$ $(SD_{alle-v} = 0{,}87)$, $M_{alle-n} = 2{,}62$ $(SD_{alle-v} = 0{,}95)$;
- *Nachrichtensendung im Fernsehen sehen* $M_{alle-v} = 3{,}01$ $(SD_{alle-v} = 0{,}86)$, $M_{alle-n} = 2{,}84$ $(SD_{alle-v} = 0{,}97)$.

Höhere Werte hinsichtlich Interesse sind nach der Durchführung von Projekten festzustellen beim Einzelaspekt Informationen lesen im Internet (tendenziell signifikant; $p = 0{,}056$) und beim Einzelaspekt Ich würde gerne häufiger mit Lehrpersonen über Politik diskutieren ($p = 0{,}001$):

- *Informationen lesen im Internet* $M_{alle-v} = 1{,}48$ $(SD_{alle-v} = 0{,}69)$, $M_{alle}n = 1{,}60$ $(SD_{alle-v} = 0{,}77)$;
- *Ich würde gerne häufiger mit Lehrpersonen über Politik diskutieren* $M_{alle-v} = 1{,}83$ $(SD_{alle-v} = 0{,}90)$,
- $M_{alle-n} = 1{,}97$ $(SD_{alle-v} = 0{,}88)$.

Signifikante Effekte hinsichtlich „Gruppenzugehörigkeit". Wenn die Variable *Zeitpunkt (vorher-nachher)* nicht berücksichtigt wird, zeigt sich bei zwei von 16 Einzelaspekten ein Unterschied, der auf die Gruppenzugehörigkeit (*politikvernetztes Projekt, Projekt ohne Bezug zur Politik*) zurückzuführen ist:

Bei *Interesse an Politik in der Welt* unterscheiden sich die beiden Gruppen („*politikvernetztes Projekt*", „*Projekt ohne Bezug zur Politik*") signifikant *(p = 0,013)*, indem die Gruppe, die kein politikvernetztes Projekt durchgeführt hat, das *Interesse an Politik in der Welt* grundsätzlich höher einschätzt (Mpvp = 2,39, Mk-pvp = 2,66).

Bei *Interesse an Informationen über die Welt* unterscheiden sich die beiden Gruppen („politikvernetztes Projekt", „kein politikvernetztes Projekt") ebenfalls signifikant *(p = 0,033)*, indem die Gruppe, die kein politikvernetztes Projekt durchgeführt hat, das *Interesse an Informationen über die Welt* wiederum grundsätzlich höher einschätzt als die Gruppe, die ein politikvernetztes Projekt durchgeführt hat (Mpvp = 2,63, Mk-pvp = 2,85).

Alle übrigen Befunde zeigen, dass sich bezüglich Interesse keine signifikanten Unterschiede ergeben zwischen der Gruppe, die ein politikvernetztes Projekt durchgeführt hat, und der Gruppe, die ein Projekt ohne Bezug zur Politik durchgeführt hat. Aber auch nicht zwischen dem Ausmaß des Interesses vor Beginn des Projektes und nach Abschluss des Projektes und auch nicht, dass sich bei Schülerinnen und Schülern, welche das politikvernetzte Projekt durchgeführt haben, das Interesse an Politik signifikant verändert – im Gegensatz zur Kontrollgruppe, welche ein Projekt ohne Bezug zur Politik durchgeführt hat.

9.2 Fazit

Somit zeigt die Überprüfung der Hypothese, dass die erwarteten positiven Auswirkungen durch politikvernetzte Projektarbeit so nicht pauschal bestätigt werden können: Einerseits zeigten sich nur drei signifikante Interaktions-Effekte, bei denen sich die Schülerinnen und Schüler, die ein politikvernetztes Projekt durchgeführt haben, von den Schülerinnen und Schülern, die ein Projekt ohne Bezug zur Politik durchgeführt haben, unterscheiden.

Andererseits veränderte sich das Interesse bei diesen drei signifikanten Interaktions-Effekten nur beim Einzelaspekt *Interesse an Diskussionen mit der Lehrperson* ($p=.027$) in die gewünschte Richtung, in dem die Gruppe, welche ein politikvernetztes Projekt durchgeführt hat, nach der Durchführung der Projekte ein höheres Interesse aufweist. Bei den anderen zwei signifikanten Interaktions-Effekten *Interesse an der Politik der EU* ($p=.05$) und *Informationen lesen in der Zeitung über Kanton* ($p=.043$) zeigte sich eine Verringerung des Interesses bei der Gruppe, welche ein politikvernetztes Projekt durchgeführt hat – im Gegensatz zur Gruppe, welche ein Projekt ohne Bezug zur Politik durchgeführt hat.

9.3 Veränderungen hinsichtlich Einzelaspekte des Themenkomplexes „politische Motivation"

Die zweite in diesem Teil III zu prüfende Hypothese bezog sich auf die Fragestellung, ob Sekundarstufenschülerinnen und -schüler nach der Durchführung eines politikvernetzten Projekts signifikant höheres Interesse in Einzelaspekten des Themenkomplexes „politische Motivation" aufweisen – im Gegensatz zu Sekundarstufenschülerinnen und -schülern, die ein Projekt ohne Bezug zur Politik durchgeführt haben.

Der Themenkomplex „politische Motivation" besteht aus den beiden Politik-Bereichen *Motivation, häufiger mit unterschiedlichen Gruppen über Politik zu diskutieren* und *Motivation, sich mehr mit politischen Sachverhalten auseinanderzusetzen*.

Zunächst werden die deskriptiven Befunde der beiden Gruppen (*politikvernetztes Projekt, Projekt ohne Bezug zur Politik*) zu den zwei verschiedenen Zeitpunkten (*vor* und *nach* Durchführung des Projekts) vorgestellt. Die Befunde sind in

Wie aus Tab. 9.2 entnommen werde kann, zeigen die Ergebnisse der zweifaktoriellen Varianzanalyse mit Messwiederholung nur einen signifikante Interaktionseffekt und je einen signifikanten Effekt, der nur auf den Zeitfaktor bzw. nur auf den Gruppenzugehörigkeitsfaktor zurückzuführen ist. Auf diese in Tab. 9.2 aufgeführten signifikanten Befunde wird genauer eingegangen:

9 Ergebnisse

Tab. 9.2 Mittelwerte des Ausmaßes des Interesses der Schülerinnen und Schüler an Politik-Einzelaspekten zum Themenkomplex „politische Motivation" vor und nach der Durchführung des Projekts

Themenkomplex „Politische Motivation"		Gruppe „PVP"			Gruppe „kein PVP"			„Nettoeffekt" PVP-kein PVP Δpvp-v-n $-\Delta k$-pvp-v-n	Signifikante Effekte
		Vorher $Mpvp$-v ($SDpvp$-v)	Nachher $Mpvp$-n ($SDpvp$-n)	Differenz v-n Δpvp-v-n	Vorher Mk-pvp-v (SDk-pvp-v)	Nachher Mk-pvp-n (SDk-pvp-n)	Differenz v-n Δk-pvp-v-n		
Motivation, häufiger mit unterschiedlichen Gruppen über Politik zu diskutieren	Vermehrte Motivation mit Gleichaltrigen zu diskutieren	1,67 (0,69)	1,69 (0,81)	−0,02	1,70 (0,81)	1,72 (0,77)	−0,02	0	n.s.
	Vermehrte Motivation mit der Familie zu diskutieren	1,80 (0,87)	1,80 (0,82)	0	1,91 (0,88)	2,00 (0,92)	−0,09	0,09	n.s.
	Vermehrte Motivation mit Lehrpersonen zu diskutieren	1,73 (0,85)	1,71 (0,79)	0,02	1,64 (0,79)	1,78 (0,88)	−0,14	0,16	n.s.
Motivation, sich mehr mit politischen Sachverhalten auseinanderzusetzen	Motivation, mehr über Politik zu erfahren	2,14 (0,80)	1,97 (0,84)	0,17	2,16 (0,88)	2,20 (0,95)	−0,04	0,21	Gruppe x Zeit – Interaktion: $F(1,256)=3,90$, $p=0,049$
	Motivation, mehr von Politik zu verstehen	2,36 (0,83)	2,14 (0,87)	0,22	2,56 (0,93)	2,50 (0,98)	0,06	0,16	Nur Gruppe: $F(1,253)=8,54$, $p=0,004$ Nur Zeit: $F(1,253)=5,56$, $p=0,019$
	Motivation, komplizierte politische Vorgänge beurteilen zu können	2,15 (0,88)	2,05 (0,86)	0,10	2,24 (1,0)	2,22 (0,93)	0,02	0,08	n.s.

Tab. 9.2 (Fortsetzung)

Themenkomplex „Politische Motivation"		Gruppe „PVP"			Gruppe „kein PVP"			„Nettoeffekt" PVP-kein PVP: $\Delta pvp\text{-}v\text{-}n - \Delta k\text{-}pvp\text{-}v\text{-}n$	Signifikante Effekte
		Vorher Mpvp-v (SDpvp-v)	Nachher Mpvp-n (SDpvp-n)	Differenz v-n $\Delta pvp\text{-}v\text{-}n$	Vorher Mk-pvp-v (SDk-pvp-v)	Nachher Mk-pvp-n (SDk-pvp-n)	Differenz v-n $\Delta k\text{-}pvp\text{-}v\text{-}n$		
	Motivation, mehr über aktuelle politische Ereignisse im Unterricht zu erfahren	2,41 (0,91)	2,26 (0,95)	0,15	2,29 (1,02)	2,22 (0,96)	0,07	0,08	n.s.
	Motivation, mehr über Politik im Unterricht zu erfahren	2,25 (0,93)	2,13 (0,90)	0,22	2,11 (0,97)	2,05 (0,91)	0,06	0,16	n.s.
	Motivation, Auseinandersetzungen mit Politik mit Unterstützung	1,97 (0,83)	1,86 (0,77)	0,11	1,95 (0,89)	2,04 (0,86)	−0,09	0,20	n.s.

verwendete Skala 1 = trifft nicht zu, 2 = trifft eher nicht zu, 3 = trifft eher zu, 4 = trifft zu, Standardabweichungen in Klammer, nk-pvp = 101–104, npvp = 151–154.
„Gruppe PVP" = Gruppe mit politikvernetztem Projekt, „Gruppe kein PVP" = Gruppe mit Projekt ohne Bezug zu Politik, Mpvp-v = arithmetischer Mittelwert der Gruppe PVP im Vortest, Mpvp-n = arithmetischer Mittelwert der Gruppe PVP im Nachtest, Mk-pvp-v = arithmetischer Mittelwert der Gruppe „kein PVP" im Vortest, Mk-pvp-n = arithmetischer Mittelwert der Gruppe „kein PVP" im Nachtest, Nettoeffekt = Differenz der Veränderung in der Gruppe „PVP" (Experimentalgruppe) und der Gruppe „kein PVP" (Kontrollgruppe): $\Delta pvp\text{-}v\text{-}n − \Delta k pvp\text{-}v\text{-}n$
Signifikante Effekte = Effekte, die auf „Zeitpunkt", „Gruppenzugehörigkeit" oder Interaktion „Zeitpunkt x Gruppenzugehörigkeit" zurückzuführen sind

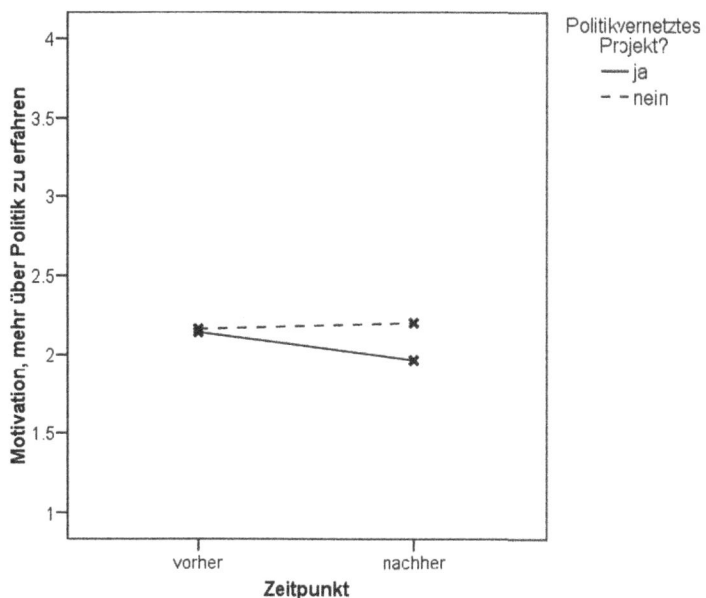

Abb. 9.4 Veränderung der „Motivation, mehr über Politik zu erfahren" vor- und nach der Durchführung eines Projektes zwischen den beiden Gruppen „politikvernetztes Projekt" und „Projekt ohne Bezug zu Politik". (Anmerkungen: verwendete Skala *1* =trifft nicht zu, *2* =trifft eher nicht zu, *3* =trifft eher zu, *4* =trifft zu, nk-pvp= 104, npvp= 154)

Signifikante Effekte hinsichtlich Interaktion Gruppenzugehörigkeit „x „Zeitpunkt" Hinsichtlich *Motivation, mehr über die Politik zu erfahren* lässt sich eine signifikante Veränderung *(p = 0,049: F (1, 256) = 3,90)* feststellen. Bei der Gruppe, die kein politikvernetztes Projekt durchgeführt hat, steigt die *Motivation, mehr über Politik zu erfahren* leicht (Δk-pvp-v-n=−0,04), hingegen ist die Motivation bei der Gruppe, die ein politikvernetztes Projekt durchgeführt hat, nachher niedriger (Δpvp-v-n=0,17). In Abb. 9.4 ist dies veranschaulicht.

Die t-Tests für abhängige Stichproben, die durchgeführt wurden, um herauszufinden, ob die signifikanten Unterschiede vor allem auf die Gruppe, die ein politikvernetztes Projekt durchgeführt hat, zurückzuführen sind, zeigten, dass sich in dieser Gruppe die *Motivation, mehr über Politik zu* erfahren, tatsächlich hoch signifikant verändert hat ($t(153)=2,90, p=0,004$) – wenn auch nicht in der erwarteten Richtung: Die Schülerinnen und Schüler weisen nach der Durchführung weniger Interesse auf (*M*pvp-v=2,14, *M*pvp-n= 1,97).

Signifikante Effekte hinsichtlich „Zeitpunkt" Bei einem von insgesamt 9 Einzelaspekten zeigt sich – wenn die Variable Gruppenzugehörigkeit nicht beachtet wird – ein Unterschied, der allein auf den Zeitpunkt der Erhebung (*vorher, nachher*) zurückzuführen ist: Beim Einzelaspekt *Motivation mehr von Politik zu verstehen (p = 0,019)* geben die Schülerinnen und Schüler in der Nachher-Befragung niedrigere Werte bezüglich Motivation an (vorher: *Malle-v* = 2,44, *SDalle-v* = 0,88; nachher: *Malle-n* = 2,29, *SDalle-v* = 0,93).

Signifikante Effekte hinsichtlich „Gruppenzugehörigkeit" Wenn die Variable Zeitpunkt (*vorher-nachher*) nicht berücksichtigt wird, zeigt sich bei einem von 9 Einzelaspekten ein Unterschied, der auf die Gruppenzugehörigkeit (*politikvernetztes Projekt, Projekt ohne Bezug zur Politik*) zurückzuführen ist:

Bei *Motivation, mehr von Politik zu verstehen,* unterscheiden sich die beiden Gruppen („politikvernetztes Projekt", „kein politikvernetztes Projekt") signifikant *(p = 0,004)*, indem die Gruppe, die kein politikvernetztes Projekt durchgeführt hat, die *Motivation, mehr von Politik zu verstehen,* grundsätzlich höher einschätzt (*M*pvp = 2,25, *M*k-pvp = 2,53).

9.4 Veränderungen hinsichtlich Einzelaspekte des Themenkomplexes „politische Handlungsbereitschaft"

Die dritte in diesem Teil III zu prüfende Hypothese bezog sich auf die Fragestellung, ob Sekundarstufenschülerinnen und -schüler nach der Durchführung eines politikvernetzten Projekts signifikant höheres Interesse in Einzelaspekten des Themenkomplexes „politische Handlungsbereitschaft" aufweisen – im Gegensatz zu Sekundarstufenschülerinnen und -schülern, die ein Projekt ohne Bezug zur Politik durchgeführt haben.

Der Themenkomplex „politische Handlungsbereitschaft" besteht aus den drei Politik-Bereichen; nämlich dem Politik-Bereich *politische Aktivitäten konventioneller Ausrichtung*, dem Politik-Bereich *politische Aktivitäten aktivistischer Ausrichtung* und dem Politik-Bereich *politische Aktivitäten illegaler Ausrichtung*.

Zunächst werden die deskriptiven Befunde der beiden Gruppen (*politikvernetztes Projekt, Projekt ohne Bezug zur Politik*) zu den zwei verschiedenen Zeitpunkten (*vor* und *nach* Durchführung des Projekts) präsentiert. Die Befunde sind in Tab. 9.3 aufgeführt.

Wie aus Tab. 9.3 entnommen werden kann, zeigen die Ergebnisse der zweifaktoriellen Varianzanalyse mit Messwiederholung nur einen signifikante Interaktionseffekt und zwei signifikante Effekte, die nur auf den Zeitfaktor bzw. vier signifikante Effekte, die auf den Gruppenzugehörigkeitsfaktor zurückzuführen

Tab. 9.3 Mittelwerte des Ausmaßes des Interesses der Schülerinnen und Schüler an Politik-Einzelaspekten zum Themenkomplex „politische Handlungsbereitschaft" vor und nach der Durchführung des Projekts

Themenkomplex „Politische Handlungsbereitschaft"		Gruppe „PVP"			Gruppe „kein PVP"			„Nettoeffekt" PVP-kein PVP: Δpvp-v-n $-\Delta$k-pvp-v-n	Signifikante Effekte
		Vorher Mpvp-v (SDpvp-v)	Nachher Mpvp-n (SDpvp-n)	Differenz v-n Δpvp-v-n	Vorher Mk-pvp-v (SDk-pvp-v)	Nachher Mk-pvp-n (SDk-pvp-n)	Differenz v-n Δk-pvp-v-n		
Politische Aktivitäten	Absicht, wählen und abstimmen zu gehen	2,92 (0,93)	2,80 (0,95)	0,12	2,75 (0,89)	2,80 (0,97)	−0,05	0,17	N.s.
konvent. Ausrichtung	Absicht, sich über Kandidaten zu informieren	2,60 (0,93)	2,50 (0,97)	0,10	2,50 (0,95)	2,52 (0,96)	−0,02	0,12	N.s.
	Absicht, in Partei einzutreten	1,60 (0,78)	1,63 (0,77)	−0,03	1,66 (0,85)	1,63 (0,75)	0,03	−0,06	N.s.
	Absicht, sich in Gemeinde politisch zu engagieren	1,66 (0,70)	1,76 (0,80)	−0,10	1,69 (0,77)	1,75 (0,75)	−0,06	−0,04	N.s.
	Absicht, sich in Vereinen politisch zu engagieren	1,90 (0,81)	1,89 (0,86)	0,01	1,74 (0,84)	1,87 (0,83)	−0,13	0,14	N.s.
	Absicht, für politisches Gemeindeamt zu kandidieren	1,60 (0,74)	1,66 (0,78)	−0,06	1,61 (0,78)	1,93 (2,15)	−0,32	0,26	Nur Zeit: $F(1, 253) = 4{,}60$, $p = 0{,}033$

Tab. 9.3 (Fortsetzung)

Themenkomplex „Politische Handlungsbereitschaft"		Gruppe „PVP"				Gruppe „kein PVP"			„Nettoeffekt" PVP- kein PVP: Δpvp-v-n – Δk-pvp-v-n	Signifikante Effekte
		Vorher $Mpvp$-v ($SDpvp$-v)	Nachher $Mpvp$-n ($SDpvp$-n)	Differenz v-n Δpvp-v-n	Vorher Mk-pvp-v (SDk-pvp-v)	Nachher Mk-pvp-n (SDk-pvp-n)	Differenz v-n Δk-pvp-v-n		
Politische Aktivitäten aktivistischer Ausrichtung	Absicht, Engagement für Arme	2,70 (0,86)	2,54 (0,85)	0,16	2,88 (0,99)	2,96 (0,87)	–0,08	0,24	Gruppe × Zeit – Interaktion: $F(1, 253)=4,84$, $p=0,029$ Nur Gruppe: $F(1, 253)=9,08$, $p=0,003$
	Absicht, Unterschriften gegen Ungerechtigkeit zu sammeln	2,37 (0,97)	2,31 (0,92)	0,06	2,62 (0,96)	2,57 (0,98)	0,05	0,01	Nur Gruppe: $F(1, 250)=6,44$, $p=0,012$
	Absicht, an einer friedlichen Demonstration teilzunehmen	2,00 (0,89)	2,07 (0,82)	–0,07	2,02 (0,94)	2,15 (0,94)	–0,13	0,06	N.s.
	Absicht, sich für Menschenrechte einzusetzen	2,68 (0,90)	2,55 (0,87)	0,13	2,86 (0,90)	2,83 (0,86)	0,03	0,10	Nur Gruppe: $F(1, 249)=6,33$, $p=0,013$
	Absicht, in eine NGO einzutreten	2,10 (0,94)	2,07 (0,98)	0,03	2,23 (1,0)	2,22 (0,92)	0,01	0,02	N.s.
	Absicht, an Umweltschutzaktionen teilzunehmen	2,34 (0,87)	2,33 (0,92)	0,01	2,60 (0,94)	2,56 (0,94)	0,04	–0,03	Nur Gruppe: $F(1, 255)=6,07$, $p=0,014$

Tab. 9.3 (Fortsetzung)

Themenkomplex „Politische Handlungsbereitschaft"		Gruppe „PVP"			Gruppe „kein PVP"			„Nettoeffekt" PVP-kein PVP: Δpvp-v-n – Δk-pvp-v-n	Signifikante Effekte
		Vorher $Mpvp$-v ($SDpvp$-v)	Nachher $Mpvp$-n ($SDpvp$-n)	Differenz v-n Δpvp-v-n	Vorher Mk-pvp-v (SDk-pvp-v)	Nachher Mk-pvp-n (SDk-pvp-n)	Differenz v-n Δk-pvp-v-n		
Politische Aktivitäten illegaler Ausrichtung	Absicht, Leserbrief gegen Ungerechtigkeit zu schreiben	1,81 (0,76)	1,80 (0,74)	0,01	1,89 (0,76)	1,89 (0,79)	0	0,01	N.s.
	Absicht, Protestsprüche auf Wände zu sprayen	1,49 (0,79)	1,56 (0,79)	−0,07	1,64 (0,82)	1,57 (0,88)	0,07	−0,14	N.s.
	Absicht, Verkehr zu blockieren	1,50 (0,78)	1,56 (0,80)	−0,06	1,52 (0,80)	1,65 (0,90)	−0,13	0,07	N.s.
	Absicht, öffentliche Gebäude zu besetzen	1,46 (0,74)	1,52 (0,79)	−0,06	1,42 (0,70)	1,58 (0,89)	−0,16	0,10	Nur Zeit: $F (1, 255) = 3,92$, $p = 0,049$

verwendete Skala 1 = trifft nicht zu, 2 = trifft eher nicht zu, 3 = trifft eher zu, 4 = trifft zu,
Standardabweichungen in Klammer, nk-pvp = 100–104, npvp = 148–153,
„Gruppe PVP" = Gruppe mit politikvernetztem Projekt, „Gruppe kein PVP" = Gruppe mit Projekt ohne Bezug zu Politik, $Mpvp$-v = arithmetischer Mittelwert der Gruppe PVP im Vortest, $Mpvp$-n = arithmetischer Mittelwert der Gruppe PVP im Nachtest, Mk-pvp-v = arithmetischer Mittelwert der Gruppe „kein PVP" im Vortest, Mk-pvp-n = arithmetischer Mittelwert der Gruppe „kein PVP" im Nachtest, Nettoeffekt = Differenz der Veränderung in der Gruppe „PVP" (Experimentalgruppe) und der Gruppe „kein PVP" (Kontrollgruppe): Δpvp-v-n – $\Delta kpvp$-v-n
Signifikante Effekte = Effekte, die auf „Zeitpunkt", „Gruppenzugehörigkeit" oder Interaktion „Zeitpunkt x Gruppenzugehörigkeit" zurückzuführen sind

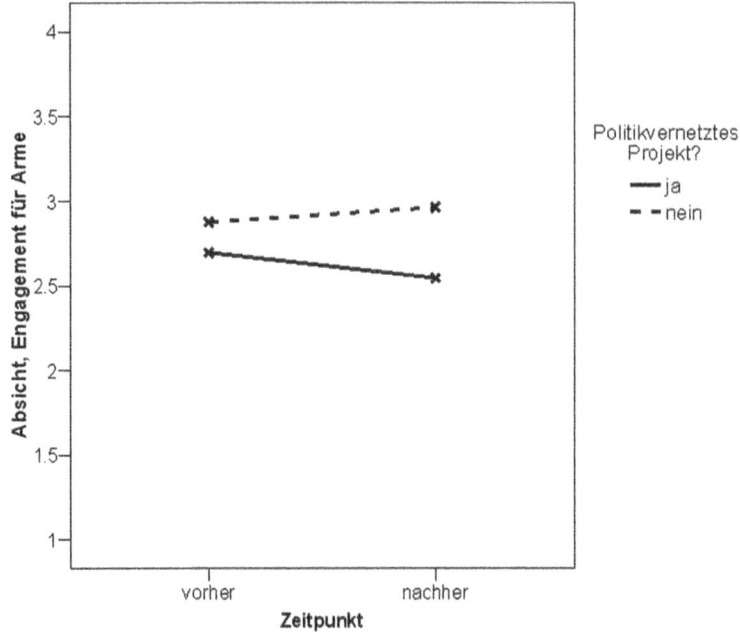

Abb. 9.5 Veränderung der „Absicht, sich für Arme zu engagieren" vor und nach der Durchführung eines Projektes zwischen den beiden Gruppen „politikvernetztes Projekt" und „Projekt ohne Bezug zur Politik". (Anmerkungen: verwendete Skala 1 = trifft nicht zu, 2 = trifft eher nicht zu, 3 = trifft eher zu, 4 = trifft zu, nk-pvp = 104, npvp = 151)

sind. Auf diese in Tab. 9.3 aufgeführten signifikanten Befunde wird genauer eingegangen:

Signifikante Effekte hinsichtlich Interaktion „Gruppenzugehörigkeit" x „Zeitpunkt" Hinsichtlich *Absicht, sich für Arme zu engagieren* lässt sich ein signifikanter Unterschied zwischen den beiden Gruppen ($p = 0{,}029$; $F(1, 253) = 4{,}84$) feststellen. Bei der Gruppe, die kein politikvernetztes Projekt durchgeführt hat, steigt die Absicht, sich für Arme zu engagieren (Δk-pvp-v-n = −0,08), hingegen sinkt die Absicht bei der Gruppe, die ein politikvernetztes Projekt durchgeführt hat (Δpvp-v-n = 0,16). In Abb. 9.5 ist diese Interaktion grafisch dargestellt.

T-Tests für abhängige Stichproben zeigen, dass die signifikanten Unterschiede vor allem auf die Gruppe, die ein politikvernetztes Projekt durchgeführt hat, zurückzuführen sind: In dieser Gruppe verringerte sich die *Absicht, sich für Arme zu engagieren,* signifikant ($t(150) = 2{,}54$, $p = 0{,}012$), während sich bei der Gruppe, die ein Projekt ohne Bezug zur Politik durchgeführt haben, keine signifikanten Veränderungen bezüglich *Absicht, sich für Arme zu engagieren*, vor und nach dem Projekt zeigen.

Signifikante Effekte hinsichtlich „Zeitpunkt" Bei zwei von insgesamt 16 Einzelaspekten zeigt sich ein Unterschied, der unabhängig von der Gruppe allein auf den Zeitpunkt der Erhebung (*vorher, nachher*) zurückzuführen ist: Bei den zwei Einzelaspekten *Absicht, für politisches Gemeindeamt zu kandidieren (p = 0,033)* und *Absicht, öffentliche Gebäude zu besetzen (p = 0,049)*, geben die Schülerinnen und Schüler in der Nachher-Befragung höhere Werte an:

- *Absicht, für politisches Gemeindeamt zu kandidieren Malle-v = 1,60 (SDalle-v = 0,76), Malle-n = 1,77*
- *(SDalle-v = 1,45)*,
- *Absicht, öffentliche Gebäude zu besetzten Malle-v = 1,44 (SDalle-v = 0,72, Malle-n = 1,54 (SDalle-v = 0,83)*.

Signifikante Effekte hinsichtlich „Gruppenzugehörigkeit" Wenn die Variable Zeitpunkt (*vorher-nachher*) nicht berücksichtigt wird, zeigt sich bei vier von insgesamt 16 Einzelaspekten ein Unterschied, der auf die Gruppenzugehörigkeit (*politikvernetztes Projekt, Projekt ohne Bezug zur Politik*) zurückzuführen ist:

Bei vier Items (*Absicht, an Umweltschutzaktion teilzunehmen [p = 0,014]*, *Absicht, sich für Menschenrechte einzusetzen [p=0,013]*, *Absicht, Unterschriften gegen Ungerechtigkeit zu sammeln [p=0,012]* und *Absicht, Engagement für Arme [p=0,003]*), unterscheiden sich die beiden Gruppen signifikant, indem die Gruppe, die kein politikvernetztes Projekt durchgeführt hat, die Absicht grundsätzlich höher einschätzt:

- *Absicht, an Umweltschutzaktion teilzunehmen (Mpvp = 2,33, Mk-pvp = 2,58)*,
- Absicht, sich für Menschenrechte einzusetzen (Mpvp=2,61, Mk-pvp=2,85),
- Absicht, Unterschriften gegen Ungerechtigkeit zu sammeln (*Mpvp*=2,34, *Mk-pvp*=2,60),
- Absicht, Engagement für Arme (*Mpvp*=2,62, *Mk-pvp*=2,92).

9.5 Zusammenfassung der Ergebnisse

Somit zeigt die Überprüfung der Hypothesen, dass die erwarteten positiven Auswirkungen durch politikvernetzte Projektarbeit so nicht pauschal bestätigt werden können:

Veränderungen hinsichtlich Einzelaspekte des Themenkomplexes „Politik-Interesse" Einerseits zeigten sich nur drei signifikante Interaktions-Effekte, bei denen sich die Schülerinnen und Schüler, die ein politikvernetztes Projekt durchgeführt haben, von den Schülerinnen und Schülern, die ein Projekt ohne Bezug zur Politik durchgeführt haben, unterscheiden.

Andererseits veränderte sich das Interesse bei diesen drei signifikanten Interaktions-Effekten nur beim Einzelaspekt *Interesse an Diskussionen mit der Lehrperson* ($p=0{,}027$) in die gewünschte Richtung: Die Gruppe, welche ein politikvernetztes Projekt durchgeführt hat, weist nach der Durchführung der Projekte ein höheres Interesse auf. Bei den anderen zwei signifikanten Interaktions-Effekten *Interesse an der Politik der EU* ($p=0{,}05$) und *Informationen lesen in der Zeitung über Kanton* ($p=0{,}043$) zeigte sich eine Verringerung des Interesses bei der Gruppe, welche ein politikvernetztes Projekt durchgeführt hat im Gegensatz zur Gruppe, welche ein Projekt ohne Bezug zur Politik durchgeführt hat.

Veränderungen hinsichtlich Einzelaspekte des Themenkomplexes „politische Motivation" Ein signifikanter Interaktionseffekt ($p=0{,}049$) wurde festgestellt: Bei der Gruppe, die kein politikvernetztes Projekt durchgeführt hat, steigt die *Motivation, mehr über Politik zu erfahren bleibt* leicht an bzw. bleibt praktisch unverändert. Hingegen ist die Motivation bei der Gruppe, die ein politikvernetztes Projekt durchgeführt hat, nachher niedriger. Es zeigte sich, dass die Unterschiede der beiden Gruppen zwischen „vorher" und „nachher" v. a. auf die Gruppe, die ein politikvernetztes Projekt durchgeführt hat, zurückzuführen sind.

Veränderungen hinsichtlich Einzelaspekte des Themenkomplexes „politische Handlungsbereitschaft" Hinsichtlich der *Absicht, sich für Arme zu engagieren* lässt sich ein signifikanter Interaktionseffekt ($p=0{,}029$) feststellen. Bei der Gruppe, die kein politikvernetztes Projekt durchgeführt hat, steigt die Absicht, sich für Arme zu engagieren. Hingegen sinkt die Absicht bei der Gruppe, die ein politikvernetztes Projekt durchgeführt hat. Der signifikante Unterschied zwischen den beiden Gruppen ist vor allem auf die Gruppe, die ein politikvernetztes Projekt durchgeführt hat, zurückzuführen.

Teil IV
„Sehr gut an dieser Methode finde ich das laufende Reflektieren." Lehrerinnen und Lehrer beurteilen politikvernetzte Projektarbeit: Volker Reinhardt

Erfahrungen von Lehrpersonen der Sekundarstufe I

Volker Reinhardt

In diesem vierten Teil der Studie werden die Erfahrungen der am politikvernetzten Projekt beteiligten Lehrpersonen festgehalten. Einerseits sollten die Lehrpersonen ihre Einstellung zur *politischen Bildung auf der Sekundarstufe*, zur *projektorientierten politischen Bildung* und ihr *eigenes Interesse an politischer Bildung* wieder geben. Andererseits sollten sie aber auch das *Interesse der Klasse* und den *Kompetenzgewinn ihrer Klasse hinsichtlich politischer Bildung* einschätzen. Darüber hinaus sollten die am Projekt beteiligten Lehrpersonen den Ansatz der politikvernetzten Projektarbeit aufgrund der gemachten Erfahrungen beurteilen, Schwierigkeiten bei der Durchführung der Projekte auflisten und von ihren gewonnenen Erfahrungen bezüglich Vorbereitung, Durchführung und Nachbereitung solcher Projekte berichten. Die Ergebnisse der Studie (Reinhardt 2009b) werden nun in vorliegender Gesamtzusammenstellung mit den quantitativen Auswertungen präsentiert und bewertet.

V. Reinhardt (✉)
Politikwissenschaft, PH Weingarten, Weingarten, Deutschland
E-Mail: reinhardt@ph-weingarten.de

10.1 Methode

10.1.1 Design und Ablauf der Untersuchung

Der Beitrag soll zeigen, ob eine Intervention, die sowohl Demokratie und Politik auf der Mikroebene wie auch auf der Makroebene einbezieht, aus Sicht von Lehrpersonen, die ein solches Projekt durchgeführt hatten, sinnvoll ist. Die Lehrer/innen wurden zu den Einsatzmöglichkeiten einer politikvernetzten Projektarbeit schriftlich befragt, ebenso sollten sie nach der Intervention das Interesse und den Kompetenzgewinn ihrer Klasse hinsichtlich Politischer Bildung einschätzen.

An der Studie nahmen 15 Lehrer/innen teil, die das Doppelfach Geschichte/Politik in der Zentralschweiz unterrichteten. Die insgesamt 9 Projekte (einige Projekte wurden von 2 Lehrer/innen betreut) wurden während 8–10 Doppellektionen in unterschiedlichen Klassenstufen der Sekundarstufe I durchgeführt. Die Lehrer/innen wurden in mehrstündigen Fortbildungen auf die Durchführung eines politikvernetzten Projektes vorbereitet. Die thematische Auswahl für das Projekt wiederum oblag den Lehrer/innen. Für eine politikvernetzte Projektarbeit waren allerdings folgende Bedingungen während der Intervention für alle einzuhalten:

a. Das Projekt beschäftigt sich mit einem explizit politischen Thema, einem politischen Konflikt,
b. während des Projektes gibt es immer wieder reflexive Phasen, in denen durch die Lehrperson die Bezüge (z. B. Gemeinsamkeiten und Unterschiede) der Lebenswelt zum politischen System inhaltlich aufgegriffen und gelehrt werden,
c. gesellschaftliche oder besser politische Institutionen außerhalb der Schule werden beteiligt (z. B. Gemeinderat, Schulpflege, Parteien, Vereine, Verbände…),
d. die Projektphasen und -merkmale sind nachvollziehbar.

Lehrpersonen, welche sich an einem politikvernetzten Projekt beteiligten, beantworteten nach Abschluss des Projektes einen Fragebogen, der offene und geschlossene Fragen enthielt. Mit den Fragen sollten die Lehrpersonen

- das Projekt charakterisieren,
- politikvernetzte Projektarbeit sowie den möglichen Kompetenzgewinn der Klasse beurteilen,
- von aufgetauchten Schwierigkeiten mit politikvernetzter Projektarbeit berichten.

Die Auswertung zu den geschlossenen Fragen erfolgte deskriptiv; die offenen Fragen wurden in Anlehnung an Mayring (2007) qualitativ ausgewertet.

Sämtliche Projekte genügten laut Beschreibungen der Lehrpersonen den oben erwähnten Anforderungen an ein politikvernetztes Projekt. Die Lehrpersonen hielten ihre Erfahrungen anhand von geschlossenen und offenen Fragen fest (s. unten).

10.1.2 Erhebungsinstrumente

Lehrpersonenfragebogen: Erfahrungen mit dem durchgeführten politikvernetzten Projekt
Lehrpersonen, welche sich an einem politikvernetzten Projekt beteiligten, beantworteten nach Abschluss des Projektes einen Fragebogen, der offene und geschlossene Fragen enthielt.

Die *geschlossenen Fragen* waren auf einer vierstufigen Skala mit den Ausprägungen „unwichtig" bis „wichtig" zu beurteilen. Einerseits sollten die Lehrpersonen anhand der geschlossenen Fragen ihre *Einstellung zur politischen Bildung auf der Sekundarstufe*, zur *projektorientierten politischen Bildung* und ihr *eigenes Interesse an politischer Bildung* wiedergeben. Andererseits sollten sie aber auch das *Interesse der Klasse* und den *Kompetenzgewinn ihrer Klasse hinsichtlich politischer Bildung* einschätzen.

Mit den *offenen Fragen* sollten die Lehrpersonen

- das Projekt charakterisieren,
- politikvernetzte Projektarbeit beurteilen,
- Aspekte, die bei Vorbereitung, Durchführung und Nachbereitung politikvernetzter Projektarbeit zu beachten sind, auflisten,
- von aufgetauchten Schwierigkeiten mit politikvernetzter Projektarbeit berichten.

10.2 Auswertung

Die Erfahrungen der Lehrpersonen, die mit ihren Schülerinnen und -schülern ein politikvernetztes Projekt durchgeführt haben, sollen wie folgt ausgewertet werden: Die Auswertung zu den geschlossenen Fragen erfolgt deskriptiv, die offenen Fragen werden qualitativ ausgewertet.

10.2.1 Die geschlossenen Fragen

Die geschlossenen Fragen wurden von den Lehrerinnen und Lehrern nach der Durchführung des Projektes, wie in den folgenden Schaubildern dargestellt, beantwortet.

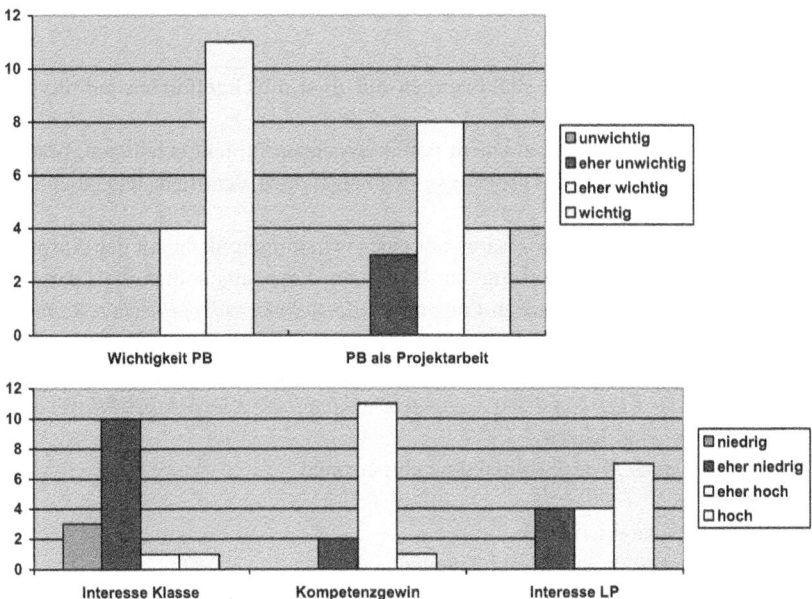

Während alle Lehrpersonen Politische Bildung für eher wichtig bzw. wichtig halten, sind es gleichzeitig 12 von 15 Lehrpersonen, für die es (eher) wichtig ist, dass der Politikunterricht projektorientiert stattfindet. Das erstaunt, zumal viele der Lehrpersonen zum ersten Mal Projektarbeit in ihrem (häufig schon seit mehreren Jahren unterrichteten) Geschichts-/Politikunterricht ausprobiert hatten. Für die befragten Lehrer/innen scheint also die politikvernetzte Projektarbeit einen hohen Stellenwert für ihren Politikunterricht zu haben. Dagegen beurteilten 13 Lehrer/innen das Interesse der Schüler/innen an politischen Fragen als eher niedrig bzw. niedrig. Diese Befragung wurde, wie erwähnt, nach dem Projekt gemacht, das heißt, die Lehrpersonen schätzten auch nach dem Projekt das politische Interesse der Klasse als gering ein. Leider konnten wir mit dieser Fragestellung nicht eruieren, ob sich laut Lehrereinschätzung das Interesse der Schüler/innen während des Projektes erhöht hatte. Was sich allerdings laut Lehrerbeurteilung erhöht hatte, ist der Kompetenzgewinn der Schüler/innen während des Projektes. Immerhin 12 von 15 Lehrpersonen meinten, dass die Lernenden ihre Kompetenzen während des Projektes erweitern konnten. Welche Kompetenzen das waren, kann durch diese geschlossene Frage nicht eruiert werden, dazu gibt es aber im offenen Frageteil (unten) weitere Aussagen der Lehrer/innen. Bei dieser Untersuchung, die neben der Lehrerbefragung eine quantitative Schülerbefragung zum Ausgang hatte (vgl. den Beitrag von Aeppli/Reinhardt in dieser Publikation), lag der Schwerpunkt auf der Frage, ob sich das Interesse, die Motivation und die Handlungsbereitschaft der Schüler/innen durch die politikvernetzte Projektarbeit verbessern lassen. Der hier durch die Lehrer/innen hoch eingeschätzte Kompetenzzugewinn wäre sicherlich ein Ausgangspunkt für weitere Untersuchungen, in denen nicht Interesse, sondern Kompetenzen im Vordergrund stünden. Befragt nach ihrem eigenen Interesse an politischer Bildung erstaunen die vier Lehrer/innen, die bei dieser Frage „eher niedrig" angaben. Das könnten zum einen persönlich Gründe sein, zum anderen könnte es auch daran liegen, dass sich insgesamt viele der Lehrpersonen als Geschichtslehrer/innen definieren und weniger als politische Bildner. Dies wird daran deutlich, dass das Schulfach Geschichte/Politik im Kanton Luzern schon aus Traditionsgründen nur „Geschichte" genannt wird, dass lange Zeit fast ausschließlich Geschichtsinhalte studiert wurden und auch in den Lehrplänen die Politik (immer noch) eher eine untergeordnete Rolle spielt. Auf eine Studie von Da Rin und Künzli (2006), die im Kanton Zürich die Vorstellungen von Lehrpersonen zur Politischen Bildung genauer untersuchte, soll in diesem Zusammenhang nur hingewiesen werden.

10.2.2 Die offenen Fragen

Die Antworten der Lehrerinnen und Lehrer auf die offenen Fragen zu ihrem Projekt werden hier mit Hilfe einer verkürzten qualitativen Inhaltsanalyse in Anlehnung an Mayring aufgeschlüsselt, wobei ein induktives Vorgehen mit deduktiven Elementen präferiert wird. Es werden verdichtete Aussagen der Lehrpersonen direkt aus dem Textmaterial durch Reduktion in einen Verallgemeinerungsprozess abgeleitet (vgl. Mayring 2007, S. 74 ff). Da es sich um recht knappe Charakterisierungen der jeweiligen Projektarbeiten handelt (pro Frage wurden zwischen einer halben und einer Seite geschrieben), wird hier das Verfahren insofern abgekürzt, als nicht in einem mehrschrittigen Verfahren eine Verdichtung der Antworten bis hin zu wenigen Kategorien, sondern eine zwar dichte, aber dennoch mehrschichtige Zusammenfassung der offenen Frageteile angestrebt wird. Es werden in einer Reduktionsphase die inhaltstragenden Teile der Antworten herausdestilliert. Die Selektion erfolgt vor allem durch Weglassungen, Zusammenfassungen und Finden von vorkategorialen Oberbegriffen. Darüber hinaus gibt es aber auch Grundannahmen, die zwar weniger als theoriegeleitete deduktive Kategorien gesehen werden können, aber doch die Blickrichtung des Verfassers leiten. Eine solche methodologische Mischform zwischen induktiver und deduktiver Kategorienbildung favorisiert auch Reinhoffer: „Durch eine Kombination von deduktiver und induktiver Kategorienbildung lassen sich die Vorteile der jeweiligen Vorgehensweise einbinden. Gegenüber der ‚Reinform' der Grounded Theory bieten die Formen der Qualitativen Inhaltsanalyse die Chance, teilweise eine Theorieleitung einzubringen, während induktive Kategorienbildung ausgehend von Codes und Memos nach der Perspektive des Materials sucht" (Reinhoffer 2005, S. 133).

In Frage 1 sollten die Lehrpersonen ihr Projekt kurz darstellen: Für die Auswertung ist in diesem Zusammenhang wichtig, ob es sich laut Beschreibung um eine „politikvernetzte Projektarbeit" handelt wie es die Bedingungen (s.oben) vorsehen. Die Themen wurden, wie beschrieben, sehr offen gehalten, nur die oben beschriebene Politikvernetzung sollte eingehalten werden. Die Projekte erstreckten sich über unterschiedliche Bereiche der Makropolitik zu den Themen Gemeinde und Gemeindeverwaltung, Migration und Einbürgerung, Kantonale Wahlen und Debattieren/Parteien. Eine zunächst mikropolitische Perspektive nahmen die Projekte zur Einführung eines Klassenrates und zur Veränderung des Schulzimmers/der Pausengestaltung ein, wodurch nur implizit politische Probleme auf der Ebene der Staatsform angesprochen waren. In acht von neun Projekten gab es eine reflexive Auseinandersetzung des konkreten Projektes, in der die Bezüge (z. B. Gemeinsamkeiten und Unterschiede) zum politischen System inhaltlich aufgegriffen und unterrichtet wurden. Das Projekt „Veränderung des Schulzimmers/der Pausengestaltung" konnte laut Beschreibung – wenn überhaupt – dann nur marginal solche Bezüge zum politischen System aufnehmen. In allen zuvor genannten Projekten standen – projekttypisch – zunächst einzelne Problem- und Fragestellungen im Zentrum, die dann politikvernetzt angegangen wurden. Politische Institutionen wurden in sieben Projekte einbezogen, in einem Projekt gab es lediglich eine (allgemeine, nicht thematisch orientierte bzw. problemorientierte) Führung durch den Kantonsratsaal (sowie eine Befragung von Bürger/innen) und in einem weiteren Projekt (Klassenrat) wird aus der Beschreibung keine direkte Verbindung zu politischen Institutionen deutlich. Sämtliche Projekte wiesen nachvollziehbare Projektphasen und -merkmale auf.

Projekte	Mikro-/ makro- politisch	Explizit politisches Problem	Reflexive Phasen	Beteili- gung pol. Institutionen	Projektphase und -merkmale nachvollziehbar
Gemeinde	Makro	Ja	Ja	Ja	Ja
Gemeindeverwaltung	Makro	Ja	Ja	Ja	Ja
Migration	Makro	Ja	Ja	Ja	Ja
Einbürgerung	Makro	Ja	Ja	Ja	Ja
kantonale Wahlen	Makro	Ja	Ja	Eher nein	Ja
Parteien	Makro	Ja	Ja	Ja	Ja
Debattieren/Parteien	Makro	Ja	Ja	Ja	Ja
Klassenrat	Mikro	Nein	Ja	Nein	Ja
Pausengestaltung	Mikro	Nein	Eher nein	Ja	Ja

Für die zweite Leitfrage sollten die Lehrer/innen politikvernetzte Projektarbeit beurteilen. Dazu sollten sie explizit Bezug auf die reflexiven Phasen zum politischen System sowie auf die Beteiligung politischer Institutionen nehmen.

Obwohl in der Untersuchung weniger mit Hilfe einer deduktiven Kategorienbildung vorgegangen wurde (da bisher so gut wie keine Erfahrungen mit politikvernetzter Projektarbeit vorliegen), waren doch zu den jeweiligen Fragestellungen Grundannahmen des Verfassers vorhanden. So wurde erwartet, dass die Lehrpersonen neben vielen positiven Seiten der politikvernetzten Projektarbeit (z. B. selbstständiges Lernen, Praxisbezug des Lerninhalts) auch negative Punkte in ihrer Beurteilung erwähnen würden: Dass zum Beispiel im Normalunterricht wenig Platz für solche Projekte sei, dass die Vorbereitung und die Abstimmung (vor allem bei fächerübergreifenden Projekten) sehr intensiv und zeitraubend seien (vgl. Oelkers 1997, S. 26).

Die Auswertung dieser Frage nach der Beurteilung politikvernetzter Projektarbeit durch die Lehrpersonen ergab folgendes Ergebnis: Insgesamt fanden die befragten Lehrer/innen projektorientiertes Arbeiten sinnvoll und hielten diese Arbeitsweise für eine adäquate Unterrichtsform. Explizit beurteilten neun der fünfzehn Lehrer/innen den Projektunterricht als solchen positiv. Die Kombination von Projektunterricht und Politikunterricht zu einer politikvernetzten Projektarbeit wurde von den Lehrpersonen darüber hinaus ebenfalls begrüßt, wie folgendes Zitat veranschaulicht:

> Grundsätzlich beurteile ich politikvernetzte Projektarbeit positiv. Das hängt sicher auch damit zusammen, dass ich bisher mit Projekten allgemein, aber auch mit dem durchgeführten Politikprojekt gute Erfahrungen gemacht habe (LP 6).

So äußerten sich acht Lehrer/innen, dass die Lehr-/Lernform des Projektunterrichts zu den gewählten Politikthemenbereichen außerordentlich gut bzw. besser passen würden als der „normale" Klassenunterricht – obwohl einige Lehrpersonen bis zu diesem Projekt noch keine Erfahrungen mit Projektunterricht im Geschichts-/Politikunterricht hatten – und argumentierten dafür auch aus der potenziellen Schülerperspektive:

> Ich kann mir durchaus vorstellen, dass Jugendliche auf dieses Thema besser ansprechen, wenn es im Projektunterricht gemacht wird (LP 2).

> Ich beurteile politikvernetzte Projektarbeit als gewinnbringend für die Schüler/innen und ich konnte bei meiner Klasse einen großen Lernzuwachs feststellen. Ich bin überzeugt, dass nur über politikvernetzte Projektarbeit eine bestimmte Nachhaltigkeit des zu behandelnden Stoffs sichergestellt wird. Als besonders positiv haben sich die einzelnen Gruppenarbeiten zu den verschiedenen Themen gezeigt. Für mich war es interessant zu beobachten, wie die Schülerinnen bei ihrem Thema „aufblühten" und sich in die Thematik einarbeiteten.(LP 8).

> Politikbezogenes Arbeiten in Form von Projekten birgt große Chancen, Demokratie wirklich zu erleben und innerlich zu erfassen anstatt nur mit Wissen aus Blättern und Lehrervorträgen zugetextet zu warden (LP 5).

Diese Lehrperson (LP5) betont besonders das Interesse der Mädchen im Rahmen der politikvernetzten Projektarbeit, was auch noch weitere Kolleg/innen erwähnen. Neben diesen positiven Rückmeldungen zur politikvernetzten Projektarbeit gab es aber auch wenige kritische Stimmen, die den besonderen Aufwand der politikorientierten Lehr-/Lernform herausstellten:

> Ich persönlich beurteile die politikvernetzte Projektarbeit als sehr anspruchsvoll für die Lehrperson. Da sie einerseits viele Freiheiten den Schüler/innen gewährt und trotzdem immer wieder auf dem Stand sein muss und Bezüge zum politischen System schaffen sollte. Das macht den Unterricht nur „bedingt" vorbreitbar – jedoch sicher auch spannend (LP 9).

Dieser Einwand, der in den Überlegungen des Autors dieser Studie als ein verbreitetes negatives Feedback zur politikvernetzten Projektarbeit angenommen wurde, konnte nur noch bei einer weiteren Lehrperson aus ihren Beurteilungen herausgelesen werden. Die häufig geäußerte Kritik am Projektunterricht, er sei für alle Beteiligten sehr bzw. zu anspruchsvoll (vgl. Jung 2005, S. 27 f.; Oelkers S. 26; 1997; Claußen 1981, S. 251 f.), wurde also nur von wenigen befragten Lehrer/innen für ihre Erfahrungen bestätigt. Insgesamt fanden die Lehrer/innen die Form des Projektunterrichts für den Themenbereich Politik angemessen und machbar.

10 Erfahrungen von Lehrpersonen der Sekundarstufe I

Viele Lehrpersonen äußerten sich im Rahmen der Frage nach der Beurteilung des Projektunterrichts zu den Kompetenzen, die ihre Schüler/innen während der Projektarbeit entwickeln konnten. Vier Lehrer/innen machten darauf aufmerksam, dass die Vermittlung eines Mindestwissens unabdingbar für die politikvernetzte Projektarbeit sei.

Sonst berge sie wie jede Projektarbeit *„die Gefahr, dass Basiswissen nicht erarbeitet wird, wenn nur in reiner Projektarbeit gearbeitet wird. Deshalb ist es für mich persönlich von Wichtigkeit, auch einige lehrerzentrierte Sequenzen zur Grundlagenerarbeitung einzufügen, um vor allem die kognitiven Voraussetzungen im Lehrplan zu gewährleisten"* (LP 5).

Dieses Mindestwissen sollte vor allem durch die Lehrperson in Lehrgangssequenzen erfolgen. Dabei gab es bei den erwähnten Lehrpersonen die beiden Auffassungen, dass das Mindestwissen zum einen vor, zum anderen während der Projektarbeit erarbeitet werden sollte, damit die Schüler/innen nicht ohne Basiswissen ihre Projektarbeit in Angriff nahmen. Dieses Mindestwissen war laut dieser Aussagen besonders wichtig, weil die Schüler/innen durch die Projektarbeit nur in jeweils kleine Ausschnitte der Politikfelder involviert waren, oftmals ohne den Gesamtzusammenhang des politischen Systems zu erfassen.

Die kognitiven Erkenntnisgewinne für ihre Schüler/innen sahen einige Lehrpersonen als recht gering an, was einige von ihnen allerdings mit der Vermittlung von Mindestwissen kompensierten (s. oben) und wieder andere Lehrer/innen als nachrangig betrachteten:

> Vor dem Projekt gab es Schüler und Schülerinnen, die wirklich nichts wussten, nun wissen sie zumindest, dass es Wahlen gibt. Das scheint auf den ersten Blick als magere Bilanz aussehen, ist es aber nicht. Das gewonnene Metawissen, welches durch die Arbeit in den einzelnen Phasen erarbeitet wurde, erachte ich als sehr groß (LP 1).

Der nur kleine Zugewinn an deklarativem Systemwissen innerhalb der eigenverantwortlichen Projektarbeit wurde von mehreren Lehrer/innen angemerkt, allerdings kamen alle, die dies erwähnten, zu dem Schluss, dass dieser Mangel an deklarativem Wissen durch einen hohen Zugewinn an prozeduralem und methodischem Wissen ausgeglichen würde. Wie erwähnt, ging es bei diesen Aussagen um die Phasen, in denen die Schüler/innen alleine und selbstständig an ihrem Projekt waren. Das deklarative Mindest- oder Basiswissen wurde dann laut vieler Aussagen in Lehrgangssequenzen nachgeliefert bzw. als Einstiegswissen der Projektarbeit vorgeschaltet, wie folgende Aussage illustriert:

Ich persönlich bin der Meinung, dass die Schüler ein gewisses Basiswissen in Politik erhalten sollten, für mich gehört dies zu einer soliden Allgemeinbildung. Dies ermöglicht es den Sch. sich objektiv mit dem Thema Politik auseinanderzusetzen, bevor sie mit der Projektarbeit beginnen können. Dadurch werden die Sch. bereits bei der Wahl ihres Themas bewusst, was in die Politik gehört und was nicht (LP 2).

Diese Anforderung, eigenverantwortliche Projektarbeit um politisches Systemwissen in Lehrgangssequenzen zu erweitern, war eine der Voraussetzungen, die in allen Schulklassen zum obligatorischen Kern der politikvernetzten Projektarbeit gehörte und laut Projektbeschreibungen auch überall stattfand, wenngleich eine der befragten Lehrpersonen sich selbst noch nicht so sicher fühlte, um die situations- und inhaltsangepassten Wissenssequenzen adäquat zu vermitteln. Aber gerade das reflexive Wissen, also das Wissen, das sich aus der Praxiserfahrung speist und immer wieder am Systemwissen überprüft werden muss, wurde von einigen Lehrer/innen als wichtig angesehen:

> Sehr gut an dieser Methode finde ich das laufende Reflektieren. Schüler müssen sich überlegen, ‚was habe ich neu dazu gelernt', ‚was verstehe ich, wo habe ich noch Probleme'. Meiner Ansicht nach ist diese Auseinandersetzung mit dem eigenen Lernen und dem fachlichen Inhalt sehr unterstützend für die Wissensaufnahme der Jugendlichen. Die Auseinandersetzung verinnerlicht den Lernstoff automatisch (LP 12).

> Für mich als Lehrperson sind auch Rückmeldungen zum Projekt wichtig. Schließlich muss ich mir ja selber die Frage stellen, ob es sich gelohnt hat, ob man das Projekt in ähnlicher Form wieder einmal durchführen kann. Vor allem an den Stolpersteinen bin ich jeweils interessiert: Reichte die Zeit? Waren die abgegebenen Unterlagen ausreichend? Gab es organisatorische Probleme? Was wurde effektiv gelernt (LP 6)?

Über das deklarative politische Wissen hinaus war explizit für fünf Lehrer/innen (weitere Lehrer/innen sprachen ähnliche Kompetenzen an) die Entwicklung von methodischen Kompetenzen besonders wichtig. Ein Lehrer stellte beispielsweise fest,

> dass das Projekt nicht nur in Bezug auf den Erwerb von politischem Wissen oder auf das Thema „Einbürgerung" seinen Erfolg verzeichnete, sondern dass verschiedenste Techniken und Fertigkeiten geübt und bestritten wurden, in den Bereichen Arbeitstechnik, im Erlernen von strategischem Vorgehen und der Planung bei einer Gruppenarbeit, im sozialen Umgang in einer Gruppe, Verbesserung der Kommunikations- und Präsentationstechnik und in der Selbständigkeit (LP 8).

Diese Auffassung unterstützten auch andere Lehrer/innen, wie das folgende Zitat belegt:

10 Erfahrungen von Lehrpersonen der Sekundarstufe I

> Der Lernerfolg des Projektes darf nicht nur auf den kognitiven Wissensbereich reduziert werden, durch die Anlage konnten auch andere Kompetenzbereiche gefördert werden (...) Ich erlebte Schüler, die sich besonders hervortaten durch ihr planerisches Geschick oder solche, die sich dadurch auszeichneten, in dem sie bei der Informationsbeschaffung von Parteienmaterial die Fähigkeiten entwickelten, Informationen richtig zu bündeln bzw. zu filtern, damit sie für ihre Weiterarbeit brauchbar sind (LP 1).

Diese weiteren Kompetenzbereiche, die die Lehrperson hier anmerkt, gehen über die rein kognitiven Kompetenzen hinaus. Unter Kompetenzen werden im Sinne Weinerts die „bei Individuen verfügbaren oder durch sie erlernbare kognitive Fähigkeiten und Fertigkeiten" verstanden, „um bestimmte Probleme zu lösen, sowie die damit verbundenen motivationalen, volitionalen und sozialen Bereitschaften und Fähigkeiten" bereit zu stellen, „um die Problemlösungen in variablen Situationen erfolgreich und verantwortungsvoll nutzen zu können" (Weinert 2002, S. 27f). Der hier geforderte Paradigmenwechsel von der input- zur outputorientierten Betrachtung besitzt Folgen für das Unterrichtsgeschehen. Von einem allgemeinen Verständnis von Kompetenz als Befähigung zur Bewältigung von Lebenssituationen ausgehend, gelangen Lehr-/ Lernverfahren in den Fokus der Betrachtung, mit denen das lebensweltlich Bedeutsame, in didaktisch aufbereiteter Weise, von Lernenden erworben werden kann. In diesem Zusammenhang wird eben immer wieder der Projektunterricht genannt, der die Lebenswelt in den Lernprozess einbezieht. Einerseits gilt es, die Kluft zwischen Schule und Lebenswelt, andererseits die aktuellen Defizite, zwischen den Konstruktionsmerkmalen traditioneller Bildungs- und Lehrpläne und den in den internationalen Vergleichstest geforderten Standards zu überwinden (vgl. Jung 2005, S. 14). Dazu sind Unterrichtsverfahren erforderlich, mit denen Kompetenz in dem von Weinert definierten Sinne vermittelbar ist.

Demnach sollte Unterricht so angelegt sein, dass

- Kenntnisse, Fähigkeiten und Fertigkeit erworben werden, um anstehende Probleme zu lösen;
- die erforderlichen motivationalen, volitionalen und sozialen Bereitschaften und Fähigkeiten geweckt und bereitgestellt werden;
- grundlegende Befähigungen zur aktiven Teilnahme am gesellschaftlichen Leben in der modernen Gesellschaft erworben werden können;
- erworbene Kompetenzen in authentischen Lebenssituationen erprobt werden können;
- anschlussfähiges Wissen und Können eigenständig erworben und erweitert werden können (vgl. Jung 2005, S. 14).

Um diese Forderungen einlösen zu können, gelangen projektpädagogische Verfahrensweisen in den Fokus der Betrachtung. Im Rahmen der politikvernetzten Projektarbeit werden Lehr-/ Lernprozesse so organisiert, dass Lernende zum Lösen komplexer Aufgabenstellungen befähigt werden, was sie zur Bewältigung von Lebenssituationen qualifiziert (vgl. auch Kaiser 1999, S. 329). Solche Kompetenzen konnten nach Aussage vieler befragter Lehrpersonen innerhalb der Projektarbeit bei Schüler/innen gefördert werden.

Gerade das Lösen von größeren und übergreifenden Aufgaben fanden verschiedene Lehrpersonen mit der politikvernetzten Projektarbeit verwirklicht. Für diese Fähigkeit ist aber eigenverantwortliches Arbeiten Voraussetzung und Ziel. Voraussetzung deshalb, weil ohne ein gewisses Maß an Selbstverantwortung solche Arbeiten gar nicht begonnen werden können und Ziel, weil diese Verantwortung für das eigene Lernen ständig weiterentwickelt und verbessert werden muss. Oder wie eine Lehrperson sagte:

> Entdeckendes und somit zu einem Teil auch selbstbestimmendes Lernen motiviert die Schüler generell sehr. Durch Projektunterricht kann ich den Lernenden beides zu einem gewissen Grad ermöglichen. Durch die eigene Regie in dem Thema müssen sich die Lernenden aber auch viel aktiver engagieren (LP 2).

Eigenverantwortliches Arbeiten kann aber nur gelingen, wenn die Lehrperson die Schüler/innen gerade bei schwierigen Praxisproblemen nicht sich selbst überlässt, wie eine Lehrerin anmerkt, sondern jederzeit beratend zur Seite steht.

Die folgenden Fragen drei und vier waren Zusatzfragen an die Lehrpersonen, die zu einem Teil schon in der zweiten Frage mitbeantwortet wurden. Daher sollen in diesen beiden Fragestellungen auch nur noch die Antworten aufscheinen, die nicht schon in der Beurteilungsfrage – also in Frage zwei – erwähnt wurden.

Die Frage drei hatte folgenden Wortlaut: Was ist nach Ihrer Ansicht bei der Vorbereitung, Durchführung und Nachbereitung politikvernetzter Projektarbeit zu beachten?

Neben den Äußerungen zu Mindestwissen über Politik, Reflexionsfähigkeit, Erwerb von Methodenwissen und Wichtigkeit der fachlichen Kompetenz der Lehrperson, die oben schon thematisiert wurden und auch in den beiden Abschlussfragen sehr oft vorkamen, war vielen Lehrpersonen wichtig, einen Aktualitäts- und Lebensweltbezug in ihren politikvernetzten Projekten zu verwirklichen. Damit verbunden sagten einige, dass eine Betroffenheit der Schüler/innen von den jeweiligen Themen unabdingbar sei für ein intensives Beschäftigen damit. Die Schüler/innen müssten so früh wie möglich in den Projektprozess einbezogen werden.

> Es ist darauf „ zu achten, ob diese Ziele auch bedeutsam für das jetzige und spätere Leben der Jugendlichen ist und wie man die Exemplarität im Thema abdecken könnte" (LP 9).

Bedeutsamkeit und Exemplarität, zwei pädagogische Prinzipien (vgl. Richter 2014), die immer wieder auch für den Projektunterricht genannt werden, ja für ihn geradezu typisch sind, werden von einer Lehrperson explizit, von mehreren implizit aus ihren Erfahrungen mit der politikvernetzten Projektarbeit genannt. Es sollten also keine „einfach-so-Projekte" abgehalten werden sondern sie müssten sinnstiftend sein, wie ein Lehrer anmerkte. Ebenfalls sollten die Projekte auf dem Weg zur Mündigkeit zu einer eigenen Meinung und Urteilskompetenz der Schüler/innen führen, wie mehrere Lehrer/innen schrieben.

Die Besonderheit der politikvernetzten Projektarbeit liegt im Einbezug von politischen Akteuren, in der konkreten Beschäftigung mit politischen Institutionen und Prozessen und manchmal auch in der Einmischung von Schüler/innen in diesen Bereichen. Dabei kann es immer wieder zu Frustrationen kommen, wenn beispielsweise die „politischen Partner" nicht auf Anfragen reagieren, wenn Schüler/innen ihre oftmals mit viel Engagement verbundenen Vorschläge nicht realisiert bekommen, wenn Leserbriefe oder ähnliche Partizipationsinstrumente nicht zum Erfolg führen.

Drei der befragten Lehrpersonen weisen genau auf diese Problematik hin, wie folgende Aussagen exemplarisch belegen:

> Falls Ziele/Produkte etc. nicht erreicht wurden, ist es wichtig, die Frustrationstoleranz der Schüler zu schulen (auch bereits im Vorfeld das Bewusstsein aufbauen) (LP 5).

> Uns war es auch ein Anliegen, dass nicht der große ‚Frust' entsteht im Sinne von: ‚Wir können eh nichts machen' oder ‚die machen eh was sie wollen'! Dies ist uns in unserem Projekt gut gelungen (LP 9).

Diese Lehrpersonen waren sich also bewusst, dass der Erfolg der Projekte nicht im Durchsetzen von Einmischungsversuchen liegt, sondern im reflexiven Umgang mit den Erfahrungen aus dem politischen Bereich. Für diese reflexive Projektarbeit benötigte man laut Aussage eines Lehrers „Zeit und Mut", da „Prozesse zuerst entstehen" (LP 1) müssten. Ein Lehrer wies auf die wichtige Forderung hin, niemals im Politikunterricht missionieren zu wollen und spielte damit implizit auf den Beutelsbacher Konsens an (vgl. Schiele und Schneider 1996).

Auf den Planungsprozess legten fast alle Lehrpersonen in ihren Äußerungen besonderen Wert. Dass eine gute, saubere und frühzeitig erfolgte Planung von Wichtigkeit ist, wurde in vielen Variationen von den Lehrpersonen angeführt. Einige meinten auch, dass politikvernetzte Projektarbeit mehr Aufwand erfordere als „normale" Projektarbeit, jedenfalls eine andere Vorbereitung als der gewöhnliche Unterricht und es schwierig sei, aber notwendig, die Übersicht über die Projekte zu bewahren. Beispiele für eine andere Planung eines politikvernetzten Projektunterrichts seien hier zitiert:

Für mich erscheint es ganz wichtig, nötige Vorabsprachen früh genug zu treffen. Möchte ich zum Beispiel jemanden einladen, ein Treffen organisieren oder ein Gebäude besuchen, so braucht es genügend Zeit um dies zu vereinbaren. Politiker sind meist sehr beschäftigt, obwohl sie den Kontakt mit Schulen sehr schätzten. Es wäre schade, käme ein solches Treffen nicht zu Stande auf Grund mangelnder Organisation (LP 1).

In die Planung gehört auch, ob und wie ich andere Institutionen oder Personen ins Projekt einbeziehe. Wie organisiere ich die allfälligen Stundenverschiebungen, was müssen die Schülerinnen und Schüler in der Freizeit machen? Wie informiere ich andere Lehrerinnen und Lehrer? Wie gestalte ich die allfällige Elterninformation? Wie halte ich Kontrolle über die Aufträge? Wie wird alles dokumentiert (LP 7)?

Für die Planung sind laut einer Lehrperson verschiedene Aspekte unabdingbar: *„- sehr genaue Planung, -Gruppengröße überlegen (keine zu große Gruppe), -Ziele für sich, aber auch für die Schüler klar formulieren, -Schüler im Vorfeld in die Projektmethoden einführen (Brainstorming, Zielformulierungen, Tagebuch, etc.), -Entscheidung, wie soll das „Produkt" aussehen und präsentiert werden (Resultat in Form von Erfolg, Präsentation, schriftliche Arbeit, etc.), – Evtl. umliegende Institutionen darüber informieren, dass ein Projekt bevorsteht und evtl. Schüler mit Anliegen kommen werden (Schulleitung, Gemeinde, etc.)"* (LP 5).

In diesen Formulierungen erkennt man das Erfordernis von organisatorischer und inhaltlicher Planung, die von einigen Lehrpersonen als solche auch unterschieden und kenntlich gemacht wurden. Einige erwähnten die Einhaltung von Meilensteinen, das Führen eines Projektjournals und regelmäßige Beratungstreffen für eine kritische Reflexion, die sie mit ihren Schüler/innen zur besseren Planung und Durchführung der Projekte vereinbart hatten. Eine weitere Aussage bezog sich auf die notwendige und zeitintensive Zusammenarbeit mit anderen Lehrer/innen, wenn das Projekt beispielsweise fächerübergreifend oder fächerverbindend stattfand. Eine zeitliche Überforderung während der Planung und Durchführung oder gar ein Ungleichverhältnis zwischen Aufwand und Ertrag lässt sich bei keiner Aussage der Lehrpersonen herauslesen.

Knapp die Hälfte der befragten fünfzehn Lehrer/innen bewertete die Schülerprojekte. Wie schon erwähnt, wurde dafür häufig ein Projektjournal, manchmal mit Selbstbewertungsmöglichkeiten für Schüler/innen, verwendet. Diese Lehrpersonen legten besonderen Wert auf eine Transparenz der Beurteilungskriterien. Neben der Planung, dem Projektprozess und Produkt wurde die Abschlusspräsentation genannt, die in die Bewertung einging.

Immer wieder nannten Lehrer/innen im Rahmen dieser Fragestellung ihr – den formalen Anforderungen übergeordnetes – Ziel nach Partizipation:

Dabei stehen (neben den inhaltlichen Zielen, Anm. VR) Partizipation, Gruppenprozesse, die Kommunikation und das demokratische (Aus)handeln im Vordergrund (LP 4).

In der vierten Frage an die Lehrpersonen ging es um die Schwierigkeiten und Probleme mit dieser spezifischen Form der Projektarbeit. Sie lautete: Welche Schwierigkeiten tauchten während Ihrer politikvernetzten Projektarbeit auf? Einige der Aspekte wurden, wie oben erwähnt, bereits in den vorausgegangenen beiden Fragen nach der Beurteilung und Planung beantwortet, weshalb hier nur noch zusätzliche Aspekte aufgeführt werden können.

Neben der Notwendigkeit, politisches Basiswissen zu vermitteln, welche vier Lehrpersonen unterschätzt bzw. zu wenig berücksichtigt hatten (s. oben), wurden weitere Schwierigkeiten aufgeführt. Vor allem wurde das Zeitproblem genannt: Viele Lehrpersonen hatten laut ihrer Aussagen aus unterschiedlichen Gründen zu wenig Zeit für die politikvernetzte Projektarbeit. Sei es aus langfristigen Planungen, in denen die Projektarbeit nur schwerlich Platz fand, sei es aus strukturellen Besonderheiten wie beispielsweise die vermeintliche Inkompatibilität mit dem 45-min Stundenplan oder der Wochenplanarbeit, die an manchen Schulen implementiert wurde und andere Unterrichtsformen fast nicht zuließ, sei es aufgrund der geringen Vorerfahrungen der Schüler/innen (in Einzelfällen auch der Lehrperson) mit der Lehr-/Lernform des Projektunterrichts, wie folgende Aussagen illustrieren:

> Für ein nächstes Mal darf ich mich nicht davon beirren lassen, dass erste Erfolge lange ausbleiben. Die Prozesse brauchen Zeit. Gut Ding will Weile haben. Als Lehrperson muss man bei der Durchführung eines politikvernetzten Projekts geduldig sein (LP 1).

> Die frisch zusammen gewürfelte Gruppe hätte für eine gute Zusammenarbeit mehr Zeit gebraucht (LP 4).

Eine Schwierigkeit, die schon oben angedeutet wurde, beschrieben einige Lehrpersonen mit überhöhten oder falschen Erwartungen der Schüler/innen. So war laut Lehreraussagen in vielen Klassen vorgekommen, dass sich einige Schüler/innen mit Projektthemen übernommen hatten, dass manche den Überblick über die Projektthemen schlecht behalten konnten und dass viele Schüler/innen die Form des Projektunterrichts nicht gewohnt waren und sich daher häufig in Nebensächlichkeiten verloren:

> Zu Anfang waren die Schülerinnen und Schüler ein wenig überfordert, sich ein passendes Projekt zu suchen. Sie wollten einfach zu viel und vor allem zu ‚hoch' hinaus (LP 3).

Zum ersten war die Zielklasse eine 7. Klasse Niveau C/D (vergleichbar mit der Hauptschule, Anm. VR), die noch nie mit Projektarbeit in Berührung gekommen war. So mussten wir Zeit aufwenden, um eine ‚Projekt-Schnellbleiche' durchzuführen, damit die Lernenden zumindest ansatzweise die Kriterien der Projektarbeitsweise durchzuführen fähig waren (...). Dazu muss ich sagen, dass ich projektartiges Arbeiten begrüße, es aber ein Zeitfenster geben müsste, um die nötigen Arbeitsmethoden in Ruhe einführen zu können. Dieses fehlte uns und wir mussten somit mit einem sehr engen Zeitplan auskommen (LP 5).

Eine Lehrperson wies darauf hin, dass es mit Schüler/innen des Sek-C/D-Niveaus besonders schwierig sei, projektorientiert zu arbeiten, wenn sie diese Arbeitsform noch zu wenig kennen würden. Verbunden war diese Einschätzung mit einer Forderung nach mehr Lehrpersonal während solcher Phasen (vgl. LP 13). Die manchmal formulierte Überforderung der Schüler/innen sahen wiederum andere Lehrpersonen auch als Chance:

> Meines Erachtens hatten die Schüler und Schülerinnen zum Teil noch Schwierigkeiten, sich selbständig im Thema fortzubewegen. Z.T. wussten sie nicht so genau, was sie jetzt wie anstellen wollten. Z. B. das Suchen geeigneter, verständlicher Texte im Internet bereitete ihnen Mühe oder das genaue Deuten von einer Statistik. Jedoch denken wir, gerade solche ‚Lernchancen' sind einmalig und fordern sie als Gruppe heraus oder können so an die Lehrperson gelangen (LP 9).

> Nachdem ich es aber geschafft habe die Projektideen, selbstverständlich immer in Zusammenarbeit mit den betroffenen Schülerinnen und Schülern, herunter zu schrauben und auf ein-zwei Punkte zu reduzieren, klappte es auch automatisch mit der Motivation. Sie konnten sich wieder orientieren und ein Ziel verfolgen (LP 3).

Eine fehlende Motivation der Schüler/innen im Bereich Politik zu Anfang des Projektes bemerkten zumindest drei Lehrpersonen:

> Die Motivation der Klasse war zu Beginn nicht ganz rosig. Als die Schüler/innen das Wort Politik hörten, rümpften bereits viele die Nase. Erst nach der vierten Lektion sahen die Schüler/innen die Vernetzung und den wahren Sinn des Projektes und schickten sich mit Begeisterung an die Arbeit (LP 8).

> Die zentrale Schwierigkeit ist die Motivation. Wie kann ich die SuS dazu bringen, dass sie sich für das Thema interessieren und nicht nur das machen, was nötig ist um den Lehrer zufrieden zu stellen. Ich denke, dass mein Konzept funktioniert hat; fordern, die Kugel anstoßen bis ein paar Aha-Erlebnisse kommen, bis die Schüler merken, ‚wenn ich gute Argumente habe, dann kann ich mitreden' (LP 15).

> Wie bereits erwähnt, waren meine Schüler zu Beginn gar nicht am Thema Politik interessiert (...) Die Jugendlichen waren komplett unmotiviert, arbeiteten nicht und nützten die ihnen fürs Projekt zur Verfügung gestellte Zeit mit privaten Angelegenheiten aus. (...) Je mehr bzw. je länger die Schüler an ihrem Projekt arbeiteten, umso mehr Begeisterung für die Sache kam auf. Ich hatte das Gefühl, dass schlussendlich jeder Einzelne einen gewissen Gefallen an seiner Arbeit gefunden hatte, obwohl der Start sehr schwierig war. Eine häufige Rückmeldung war dementsprechend: ‚Das Projekt war interessanter als ich mir dies am Anfang vorgestellt (hatte)' (LP 12).

Bei allen drei Zitaten, die hier ausführlich dargestellt sind, fällt etwas auf: Waren die Schüler/innen jeweils zu Beginn des Projektes von den Inhalten nicht sonderlich begeistert, so ist mit zunehmender Beschäftigung mit den politikvernetzten Sachverhalten ein Wandel zu verzeichnen. Diese Bemerkungen lassen zwei Schlüsse zu: Zum einen die Frage, ob die Begrifflichkeit „Politik" bzw. die jeweiligen Politikfelder überhaupt am Anfang verbalisiert werden sollten. Die abschreckende Haltung zu allen Gegenständen, die unter Politik subsumiert werden können, wird hier offensichtlich. Vielleicht müsste daher eher themen- oder handlungsorientiert in das Projekt eingestiegen werden und erst dann, wenn sich die ersten institutionenkundlichen Phasen anbieten, die Begrifflichkeiten eingeführt werden. Zum anderen könnte man aus diesen Aussagen der Lehrpersonen herauslesen, dass erst die längerfristige Beschäftigung mit politikvernetzter Projektarbeit auch in der Schülermotivation Früchte trägt. Spannend wäre hier sicherlich, die gleiche Klasse bei einem Folgeprojekt zu begleiten, was hier allerdings aus Ressourcengründen nicht durchgeführt werden konnte. Dass diese eher schwache Motivation für politikvernetzte Projektarbeit nicht nur auf Schülerseite, sondern auch auf Lehrerseite vorhanden sein konnte, merkte ein Lehrer an:

> Auch diesen Aspekt (der fehlenden Motivation, Anm. VR) kann ich mit etwas Selbstkritik auf mich selber herunterbrechen. So war ich anfänglich nicht gerade begeistert, dieses Projekt „Politische Bildung" durchzuführen. Es brachte meine schöne Jahresplanung durcheinander. Ich musste mit der A Klasse und der B Klasse verschiedene Programme durchführen. Es bedeutete Mehrarbeit (LP 15).

Im Verlauf des Projektes zeigte sich der gleiche Lehrer dann aber doch motiviert:

> Jetzt im Nachhinein ist aber der Funke bei mir gesprungen. Ich bewerte das Projekt positiv und werde es wieder einmal aus der Schublade ziehen (LP 15).

In einem weiteren Gruppenprojekt waren die Schüler/innen enttäuscht, dass ihr Vorhaben scheiterte, von der Schulleitung und Gemeinde Geld für Computer zu erhalten. Auf diese Enttäuschung machte die Lehrperson aufmerksam:

Das wohl frustrierendste Problem tauchte glücklicherweise nur in einer Gruppe auf. Dort ging es um ein Budget für neue Computer. Diese Gruppe musste enttäuscht feststellen, dass auf der monetären Ebene nur wenig auszurichten ist, zumindest in nur so einer kurzen Zeitspanne (...) Trotz dieser Frustration können aber über alle drei Gruppen hinweg große Lerneffekte festgestellt warden (LP 5).

Diese Lernerfolge kommen m. E. bei vermeintlich gescheiterten Projekten (wenn also beispielsweise die Forderungen oder Anträge der Schüler/innen nicht durchkommen) zum Tragen, wenn sich die Lehrperson eben nicht solidarisch mit den Schüler/innen zeigt, sondern dieses verfehlte Projektziel zum Anlass nimmt, um über die politischen Prozesse, Institutionen und Verfahrensabläufe zu reflektieren und dadurch „nebenbei" Institutionenwissen vermittelt. Selbstverständlich müssen Schüler/innen auch immer auf den möglichen „Misserfolg" solcher Projekte hingewiesen und vorbereitet und das Gelingen eines Projektes nicht mit der Verwirklichung des „politischen Ziels" gleichgesetzt werden (vgl. Reinhardt 2005a).

Die Enttäuschung, von der „Politik" keine wirksame Unterstützung erhalten zu haben, wird in solchen Fällen bei den Jugendlichen nachwirken und ohne Reflexion ihre Einstellung zu der Herrschaftsform ‚Demokratie' nicht gerade positiv beeinflussen (vgl. Breit 2005, S. 55). Bei einem Misserfolg eigener Anstrengungen kann Aktivität ohne Reflexion zu einer Abwendung von Politikern, Politik und, so ist zu befürchten, auch von Demokratie führen. „Politische Beteiligung ohne Kompetenz führt oft zu Enttäuschung und Rückzug und kann dem komplizierten Gefüge einer Bürgergesellschaft erheblich schaden" (Darmstädter Appell 1995, S. 8). Reflektierter Politikunterricht und politikvernetzte Projektarbeit mit dem Ziel der ‚Mündigkeit' beugt dieser Reaktion vor.

10.3 Zusammenfassung

Insgesamt fanden fast alle befragten Lehrer/innen, dass politikvernetzte Projektarbeit ein gute, adäquate und machbare Lehr-/Lernmethode sei, die die oftmals hohe Komplexität politischer Themen verstehbarer mache. Viele Lehrer/innen hielten das projektartige Vorgehen für die Methode der Wahl im Politikunterricht, auch und gerade für Mädchen, die sich laut einiger Lehreraussagen damit eher an Politikthemen heranwagten als im Rahmen eines gewöhnlichen Politikunterrichts. Nur eine der befragten Lehrpersonen fand politikvernetzte Projektarbeit zu aufwändig.

Den Kompetenzzugewinn durch politikvernetzte Projektarbeit schätzten die Lehrer/innen für ihre Schüler/innen als hoch ein, wenngleich sie vor allem den methodischen, arbeitstechnischen, sozialen Kompetenzzuwachs in den Vordergrund stellten. Daher erachteten es auch viele Lehrpersonen als wichtig, dass (v. a. in Lehrgangssequenzen) ein Mindest- oder Basiswissen vermittelt werden sollte, das durch Reflexion der Projekterfahrungen an der politischen Praxis und der politischen Theorie erarbeitet wurde. Gerade diese Verbindung von praktischen Erfahrungen mit Institutionenwissen sahen einige Lehrer/innen als großen Vorteil der politikvernetzten Projektarbeit. Eigenverantwortliches und selbstbestimmtes Lernen würde dadurch mit reflektiertem Systemwissen verknüpft.

Die Lehrer/innen nannten den Aktualitäts- und Lebensweltbezug als Wesensmerkmal der politikvernetzten Projektarbeit und empfanden das darin enthaltene exemplarische Lernen als wichtig. Die manchmal nicht zu vermeidenden Frustrationen auf Schülerseite, wenn die einbezogenen politischen Akteure oder Institutionen nicht erwartungsgemäß reagierten, empfanden die befragten Lehrer/innen eher als hilfreich und für die Klasse reflexionswürdig. Die oftmals überhöhten Erwartungen der Schüler/innen gelte es auszutarieren. Auf der anderen Seite gab es in einzelnen Klassen auch Motivationsprobleme, wenn nur schon der Begriff „Politik" fiel.

Viele Lehrer/innen machten darauf aufmerksam, dass eine gute, klare Planung und Strukturierung der Projekte unabdingbar seien und verwiesen auf die Notwendigkeit einer sauberen Vorbereitung, gerade wenn die Projekte fächerübergreifend stattfanden. Einige Lehrer/innen wiesen in diesem Zusammenhang auf die zeitintensive Planung und Durchführung einer politikvernetzten Projektarbeit hin und unterstrichen, dass der alltägliche Unterricht und Schulalltag mit all seinen Anforderungen nur mit viel Vorbereitung und unter großer Anstrengung eine politikvernetzte Projektarbeit erlaube.

Trotz dieser genannten Schwierigkeiten überwogen, wie oben dargestellt, nach Einschätzung der Lehrpersonen, die positiven Aspekte der politikvernetzten Projektarbeit, welche eine Lehrperson zu der Aussage verleitete:

> Wieso nicht einmal eine Projektwoche zum Thema politische Bildung mit der ganzen Schule durchführen? So könnten vielleicht auch Lehrpersonen an den Gegenstand herangeführt werden, welche mit der Thematik bis anhin nichts am Hut hatten (LP 7).

11 Politik und Projektarbeit: Widersprüchliche empirische Ergebnisse? Ein Fazit

Volker Reinhardt

Mit den vorliegenden beiden Studien wurde zum ersten Mal die Wirkung von politikvernetzter Projektarbeit empirisch untersucht. Es gibt eine Unmenge von didaktischen Modellen, Konzeptionen und Lehr-/Lernformen in der Politikdidaktik, wovon allerdings die wenigsten bisher auf ihr Wirkung analysiert wurden. Es werden von verschiedenen Seiten unterschiedliche Lehr-/Lernformen postuliert und gegeneinander abgegrenzt, ohne deren Auswirkungen, beispielsweise in Bezug auf Kompetenzaufbau, Wissenszunahme oder Veränderung des Politik-Interesses von Schülerinnen und Schülern, zu erheben.

Auch wenn die beiden Untersuchungen nur als erste Annäherung an die komplexe Lehr-/Lernform der politikvernetzten Projektarbeit dienen können, ist damit das Forschungsfeld für diese Konzeption geöffnet, um weitere Untersuchungen folgen zu lassen, die sich dem politikvernetzten Projektbereich widmen.

Es wurde in der ersten Untersuchung erwartet, dass die politikvernetzte Projektarbeit eine Auswirkung auf das politische Interesse, die politische Motivation und die politische Handlungsbereitschaft von Sekundarstufenschülerinnen und -schülern hat.

Die Hypothese, laut der Schülerinnen und Schüler, die ein politikvernetztes Projekt durchführen, nach dem Projekt ein höheres Politik-Interesse, eine höhere politische Motivation und Handlungsbereitschaft aufweisen würden als Schülerinnen und Schüler, die ein Projekt ohne Politikbezug durchführten, kann nicht

---

V. Reinhardt (✉)
Politikwissenschaft, PH Weingarten, Weingarten, Deutschland
E-Mail: reinhardt@ph-weingarten.de

© Springer Fachmedien Wiesbaden 2015
V. Reinhardt (Hrsg.), *Jugend und Politik,* Politische Bildung,
DOI 10.1007/978-3-658-08272-7_11

bestätigt werden. Dieses auf den ersten Blick überraschende Ergebnis kann unterschiedlich interpretiert werden. Zum einen könnten Schülerinnen und Schüler in der Vorherbefragung eine recht hohe Erwartung in Bezug auf ihr persönliches Politik-Interesse und ihre Motivation gehabt haben, weil sie noch zu wenige Kenntnisse über Politik hatten. Häufig idealisieren Jugendliche ihre von Harmonie geprägten Vorstellungen und Erwartungen an Politik, die sie aus ihrem privaten Erleben übertragen und sind dann, wenn sie sich eingehender mit den Mechanismen der Interessegeleitetheit und dem konflikthaften Geschehen in politischen Auseinandersetzungen beschäftigen, von der Politik enttäuscht (vgl. Shell 2000, S. 278 ff.). Sibylle Reinhardt (2009a) hat in ihrer Metastudie nachzuweisen versucht, dass es gerade diese Unterscheidung zwischen privatem und öffentlichem Raum sei, die die Beschäftigung mit Politik so schwierig mache: „In diesem Nahraum harmonieren viele Wünsche und Erfahrungen, Unterschiede können wir leicht tolerieren und anerkennen. Zwar gibt es auch Auseinandersetzungen, aber wenn die nicht enden, dann gehen wir. Ganz anders der öffentliche Raum des demokratisch Politischen: seine Logik, sein Sinn ist der Streit um Tatsachen und Werte, um Definitionen und Regelungen und also der Kampf um Entscheidungen und ihre Durchsetzung" (Reinhardt 2009, S. 863). Der Grundkonsens hinter diesen Auseinandersetzungen sollte dann das Anerkennen sein, dass diese konflikthafte Auseinandersetzung weder vermeidbar noch schädlich ist, sondern dass dieser Modus der Politik einer modernen pluralistischen Gesellschaft, ihrer Heterogenität und der Gleichachtung ihrer Mitglieder und ihrer Milieus, angemessen ist (vgl. Reinhardt 2009, S. 863).

Vielleicht ist gerade diese Erkenntnis sowohl von den Lehrpersonen als auch von der Sache selbst – also der Beschäftigung der Schülerinnen und Schüler mit den policy-Feldern – in den politikvernetzten Projekten zu wenig transportiert worden.

Eventuell ist in diesem Zusammenhang auch verständlich, dass beispielsweise die Handlungsbereitschaft, sich für Arme zu engagieren, bei denjenigen Schülerinnen und Schüler, die keine politikvernetzte Projektarbeit erlebt haben, ansteigt. Dieses später beabsichtigte Engagement für Arme, das zunächst eher dem sozialen Lernen und nicht dem politischen Lernen zugehörig ist, setzt Solidarität und Empathiefähigkeit, aber weniger das Verständnis für konflikthafte politische Prozesse voraus. Die Schülerinnen und Schüler haben damit eine soziale Lernentwicklung bewiesen, aber weniger eine politische. Daher müsste für eine potenzielle Wiederholungsstudie nochmals genau geprüft werden, welche Inhalte in den Projekten transportiert werden.

Eine Schwäche der Pre-Post-Untersuchung ist sicherlich, dass die Lehrpersonen – die ja zugleich als Studierende das obligatorische Begleitseminar an der PHZ besuchten – zwar die Vorgaben (vgl. Kap. 8.3) zur Durchführung einer politikvernetzten Projektarbeit zu beachten hatten, dass aber folgende Ungenauigkeiten nicht auszuschließen waren:

- *Die Studierenden mussten zwar ein Projekt politikvernetzt (vgl. Kap. 8.3) durchführen, das Thema, der Zusammenhang, in dem das Projekt durchgeführt wurde und der policy-Bereich waren aber frei wählbar. Es kann also durchaus sein, dass sich manche Politikthemen für eine Politikvernetzung nicht eigneten. Ebenso kann nicht nachvollzogen werden, ob die Lehrpersonen die politikvernetzte Projektarbeit „im Sinne der Erfinder" implementierten, da sie ihre Projekte ohne Kontrolle in ihrer Klasse durchführten.*
- *Es kommt auch sehr stark auf die Motivation der Lehrpersonen an, die diese mit politikvernetzter Projektarbeit verbinden. Sollten Lehrpersonen die Projektarbeit wenig überzeugt bzw. überzeugend oder gar mit Widerwillen durchgeführt haben, was bei einer Studierenden-Pflichtveranstaltung vorkommen kann, so wird sich das sicherlich auch in den Reaktionen der Schülerinnen und Schüler widergespiegelt haben.*
- *Es erstaunten in diesem Zusammenhang die immerhin 4 von 15 Lehrpersonen, die ihr eigenes Interesse an Politik als „eher niedrig" einschätzten (vgl. Kap. 10.2.1).*

Ein weiteres Erklärungsmuster für das Ausbleiben einer Interessesteigerung nach der Durchführung eines politikvernetzten Projektes könnte mit einem gewissen Reaktanzverhalten der Schülerinnen und Schüler zu tun haben. Es wird häufiger in Interventionsstudien bestätigt, dass nach der Intervention die erhoffte Interesse- oder Einstellungsänderung ausbleibt oder sie sich sogar negativ entwickelt. So berichten Oser, Riegel und Tanner (2007) in ihrer Schweizer Nationalfondsstudie zur Prävention von Rechtsextremismus, dass die Offenheit gegenüber Migranten nach der Intervention signifikant tiefer ausgefallen sei als vor der Intervention. Es scheint sich laut Autoren dieser Nationalfondsstudie „bei dieser Feststellung die Tatsache zu bestätigen, dass bei Interventionen, welche eine erhöhte Sensibilisierung nach sich ziehen, fast immer ‚negativere' Ergebnisse resultieren, als dies im Vorfeld der Intervention der Fall war" (Oser et al. 2007, S. 226). Auch bei der Schweizer Nationalfondsstudie „Frühprävention und Gewalt – Ergebnisse des Zürcher Präventions- und Interventionsprojekts an Schulen" (vgl. Eisner 2008) ist genau dieser negative Effekt zu beobachten: Es konnten in dieser Interventionsstudie ebenfalls keine erwünschten Wirkungen – hier das Sozialverhalten der Kinder – nachgewiesen werden. Dies galt sowohl aus der Sicht der Eltern wie aus der Perspektive der Lehrpersonen und der Kinder selbst. Hingegen zeigte sich für eine Zielgröße ein unerwünschter Effekt des dort angewendeten Interventionsprogramms „Triple P": Die Lehrpersonen beobachteten bei Kindern von Eltern, die an einem Kurs teilgenommen hatten, tendenziell eine Zunahme von nicht-aggressivem Problemverhalten, während bei den Kindern der Kontrollgruppe ein Rückgang wahrgenommen wurde (vgl. Eisner 2008).

Diese Tatsache, dass das erhoffte Antwortverhalten der Schülerinnen und Schüler ausblieb, trifft auch auf die vorliegende Interventionsstudie zur politikvernetzten Projektarbeit zu. Eventuell waren die Schülerinnen und Schüler nach den immerhin 8–10 Doppelstunden, die sie mit politikvernetzter Projektarbeit zugebracht hatten, auch übersättigt mit politischen Inhalten und gaben daher in den Befragungen nach der Intervention an, weniger politikinteressiert zu sein.

Die angesprochenen Erklärungsversuche sind zum Teil begründet, zum Teil aber auch spekulativ, so dass es unbedingt erforderlich erscheint, weitere Untersuchungen folgen zu lassen, die mehr in die Tiefe gehen und ein genaueres Controlling der Projekte ermöglichen. Es wäre daher notwendig, politikvernetzte Projekte durchzuführen, die von Politikdidaktiker/innen mit Beobachtungsprotokollen dokumentiert würden. Zudem wären qualitative Untersuchungen (auf der Schülerseite) vonnöten, um mit den Befragungen in die Tiefe der Einstellungen und Vorstellungen der Schülerinnen und Schüler zu gelangen. Es kann vermutet werden, dass der eingesetzte Fragebogen bzw. die Fragebogen-Methode zu wenig sensibel auf Änderungen in der Einstellung eingeht.

Ebenfalls sollten weitere Pre-Post-Untersuchungen folgen, die neben dem politischen Interesse, neben der politischen Motivation und der politischen Handlungsbereitschaft auch die politische Deutungskompetenz von Schülerinnen und Schülern ins Visier nehmen.

Vor allem erstaunt bei der Betrachtung beider Untersuchungen die Diskrepanz zwischen den Ergebnissen der quantitativen Schülerstudie und der qualitativen Lehrerbefragung. Während in der quantitativen Studie nur wenig erhoffte Effekte auf der Schülerseite vorhanden waren (in Bezug auf Veränderungen im Bereich des politischen Interesses, der politischen Motivation und Handlungsbereitschaft), gibt es bei den Lehrpersonen, die diese Projekte durchgeführt haben, größtenteils Begeisterung für diese Lehr-/Lernform.

Die Lehrerinnen und Lehrer sahen die Verbindung von praktischen Erfahrungen mit Institutionenwissen als Vorteil der politikvernetzten Projektarbeit und schätzten den methodischen, arbeitstechnischen, sozialen und auch kognitiven Kompetenzzuwachs für ihre Schüler/innen als hoch ein. Diese Kompetenzveränderungen standen allerdings nicht im Fokus der quantitativen Schüleruntersuchung, sondern die Veränderung des politischen Interesses nach der Intervention. Nachfolgende Untersuchungen könnten daher auch die Kompetenzperspektive in den Mittelpunkt stellen, um die diagnostischen Vorhersagen der Lehrpersonen zu überprüfen.

Wie oben erwähnt wurde, gibt es verschiedene Erklärungsmuster, warum sich das politische Interesse der Jugendlichen durch die Intervention nicht erhöht zu haben scheint. Es kann auch an der Form der quantitativen Herangehensweise gelegen haben, durch die keine Tiefenstruktur im Antwortverhalten der Schüler/innen aufgespürt werden konnte. Daher – und aus den oben genannten Gründen – sollten weitere Untersuchungen folgen, die mit qualitativen Methoden die Entwicklung des Politik-Interesses nach einer Intervention mit politikvernetzter Projektarbeit genauer und tiefer untersuchen könnten.

Erste – wenn auch zunächst kleinere – qualitative Schüler-Untersuchungen im Rahmen von Examensarbeiten (Pitsch 2013; Schoch 2013) lassen vermuten, dass politikvernetzte Projektarbeit sehr wohl einen positiven Einfluss auf politisches Interesse, politische Motivation und Handlungsbereitschaft haben kann. Beide Arbeiten kommen nach einer politikvernetzten Projekt-Intervention zum Schluss, dass – nachgewiesen sowohl durch Gruppendiskussionen, als auch durch qualitative Einzelinterviews – politische Einstellungsänderungen bei den Schülerinnen und Schülern festgemacht werden konnten in Richtung tiefere und motiviertere Auseinandersetzung mit politischen Sachverhalten und allgemein höherem Interesse an Politik.

Es wäre also insgesamt zu begrüßen, wenn weitere Forschungsarbeiten zu dieser vielversprechenden Lehr-/Lernform der politikvernetzten Projektarbeit entstehen würden.

Anhang

Anhang A: Fragebogen-Items: Einschätzungen zu Politik-Aspekten und soziodemographische Angaben

Einschätzungen zu Politik-Aspekten (mit jeweils vier zur Verfügung stehenden Antwortmöglichkeiten: *„trifft nicht zu"*, *„trifft eher nicht zu"*, *„trifft eher zu"* und *„trifft zu"*)

Zum Themenkomplex *Politik-Interesse* Politik-Bereich „Interesse an verschiedenen Politikbereichen"

1. Ich beabsichtige später Ich interessiere mich für Politik und politische Vorgänge in meiner Gemeinde.
2. Ich interessiere mich für Politik und politische Vorgänge in meinem Kanton.
3. Ich interessiere mich für Politik und politische Vorgänge des Bundes, das heißt Politik, die in Bern entschieden wird.
4. Ich interessiere mich für Politik und politische Vorgänge im Zusammenhang mit der Europäischen Union (EU).
5. Ich interessiere mich für Politik und politische Vorgänge in der Welt.
6. Ich interessiere mich für Politik und politische Aussagen von Parteien.
7. Ich interessiere mich für politische Vorgänge in Vereinen (z. B. Jungwacht, Pfadi, Sportvereine usw.).

Politik-Bereich „Interesse an politischen Infos"

1. Liest du Artikel in der Zeitung über das, was in deiner Gemeinde passiert?
2. Liest du Artikel in der Zeitung über das, was in deinem Kanton passiert?
3. Liest du Artikel in der Zeitung über das, was in der Schweiz passiert?
4. Liest du Artikel in der Zeitung über das, was in der Welt passiert?
5. Siehst du Nachrichtensendungen im Fernsehen (z. B. Tagesschau, Rundschau, Schweiz aktuell)?
6. Nutzt du das Internet, um dich über politische Themen zu informieren?

Politik-Bereich „Interesse an politischen Diskussionen"

1. Ich diskutiere über Politik und politische Vorgänge mit Gleichaltrigen.
2. Ich diskutiere über Politik und politische Vorgänge mit den Eltern oder anderen erwachsenen Familienangehörigen.
3. Ich diskutiere über Politik und politische Vorgänge mit Lehrpersonen.

Zum Themenkomplex *politische Motivation* Politik-Bereich „Motivation über Politik zu diskutieren"

1. Ich würde gerne häufiger mit Gleichaltrigen über Politik diskutieren.
2. Ich würde gerne häufiger mit Eltern oder anderen Familienangehörigen über Politik diskutieren.
3. Ich würde gerne häufiger mit Lehrpersonen über Politik diskutieren.

Politik-Bereich „Motivation politische Auseinandersetzung"

1. Ich würde gerne mehr über die Politik und politische Vorgänge erfahren.
2. Ich würde gerne mehr von Politik und politischen Vorgängen verstehen.
3. Ich würde gerne die komplizierten politischen Vorgänge beurteilen können.
4. Ich würde gerne häufiger über aktuelle politische Ereignisse im Schulunterricht erfahren.
5. Ich würde gerne mich mit Politik und politischen Vorgängen beschäftigen, wenn mir jemand dabei helfen würde.

Zum Themenkomplex *politische Handlungsbereitschaft* Politik-Bereich „politische Aktivitäten konventionell"

1. Ich beabsichtige später wählen und abstimmen zu gehen.
2. Ich beabsichtige später mich vor der Wahl über Kandidaten zu informieren.

3. Ich beabsichtige später in eine politische Partei einzutreten.
4. Ich beabsichtige später mich in der Gemeinde politisch zu engagieren.
5. Ich beabsichtige später mich in Vereinen politisch zu engagieren.
6. Ich beabsichtige später mich für ein politisches Amt in der Gemeinde zu Verfügung zu stellen.

Politik-Bereich „politische Aktivitäten aktivistisch"

7. Ich beabsichtige später mich für arme Menschen zu engagieren.
8. Ich beabsichtige später Unterschriften gegen Ungerechtigkeiten zu sammeln.
9. Ich beabsichtige später an einer friedlichen Protestdemonstration teilzunehmen.
10. Ich beabsichtige später mich für Menschenrechte einzusetzen.
11. Ich beabsichtige später in eine Organisation (zum Beispiel: Greenpeace, WWF, Amnesty International, Helvetas usw.) einzutreten.
12. Ich beabsichtige später an Aktionen für den Umweltschutz teilzunehmen.
13. Ich beabsichtige später einen Leserbrief gegen Ungerechtigkeiten zu schreiben.

Politik-Bereich „politische Aktivitäten illegal"

14. Ich beabsichtige später Protestsprüche auf Wände zu sprühen.
15. Ich beabsichtige später aus Protest den Verkehr zu blockieren.
16. Ich beabsichtige später aus Protest öffentliche Gebäude zu besetzen.

Soziodemographische Angaben (mit zur Verfügung stehenden Antwortskalen):

- *Alter: Wie alt bist du? (in Jahren)*
- *Bist du ein Knabe oder ein Mädchen? (Knabe, Mädchen)*
- *Welche Staatsangehörigkeit hast du? (Schweiz, Spanien, Italien, Portugal, aus dem ehemaligen Jugoslawien, Keines eines der oben genannten: Ich bin aus ... [Land bitte hinschreiben])*
- *Bist du in der Schweiz geboren? (ja/nein)*
- *Wie oft sprichst du zu Hause schweizer-deutsch? (nie, manchmal, fast immer oder immer)*
- *In welcher Klasse bist du? (z. B. 1b, 3d, ...)*

Anhang B: Verlauf des Zuwachses der Fehlerquadratsumme bei Fusionierung der Cluster zu den Einschätzungen der Schülerinnen und Schüler zu den 8 Politik-Bereichen ($n = 306$)

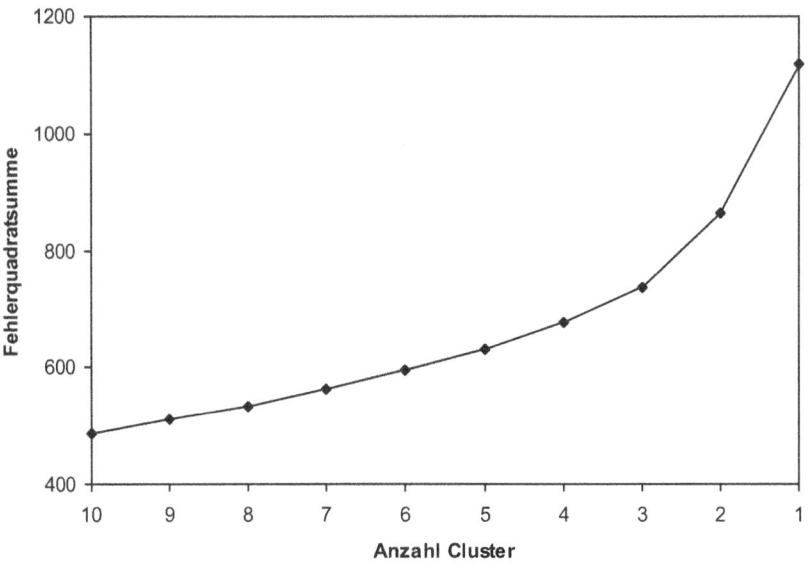

Anhang C: Einschätzungen der Schülerinnen und Schüler (M, SD) zu den Politik-Bereichen bei der 3-Cluster-Lösung nach der Ward-Methode

Einzelaspekte	Cluster 1 $n=193$		Cluster 2 $n=26$		Cluster 3 $n=87$		Insgesamt $n=306$	
	M	(SD)	M	(SD)	M	(SD)	M	(SD)
Interesse verschiedene Politikebenen	2,40	(0,44)	3,09	(0,43)	1,80	(0,46)	2,29	(0,57)
Interesse an politischen Infos	2,59	(0,47)	3,20	(0,42)	2,01	(0,45)	2,48	(0,57)
Interesse an politischen Diskussionen	1,98	(0,57)	2,83	(0,45)	1,34	(0,37)	1,87	(0,65)
Motiv. über Politik zu diskutieren	1,93	(0,59)	2,88	(0,53)	1,08	(0,20)	1,77	(0,71)
Motiv. politische Auseinandersetzungen	2,40	(0,55)	3,45	(0,44)	1,45	(0,40)	2,22	(0,76)

Anhang 135

Einzelaspekte	Cluster 1 $n=193$		Cluster 2 $n=26$		Cluster 3 $n=87$		Insgesamt $n=306$	
	M	(SD)	M	(SD)	M	(SD)	M	(SD)
Politische Aktivitäten konventionell	2,10	(0,63)	3,07	(0,60)	1,64	(0,40)	2,05	(0,68)
Politische Aktivitäten aktivistisch	2,39	(0,65)	3,01	(0,91)	2,03	(0,55)	2,34	(0,70)
Politische Aktivitäten illegal	1,50	(0,68)	2,36	(1,17)	1,35	(0,56)	1,53	(0,75)

verwendete Skala 1 = trifft nicht zu, 2 = trifft eher nicht zu, 3 = trifft eher zu, 4 = trifft zu

Anhang D: Verlauf des Zuwachses der Fehlerquadratsumme bei Fusionierung der Cluster zu den Einschätzungen der Schülerinnen und Schüler innerhalb des Bereichs „Politik-Interesse" (*n* = 306)

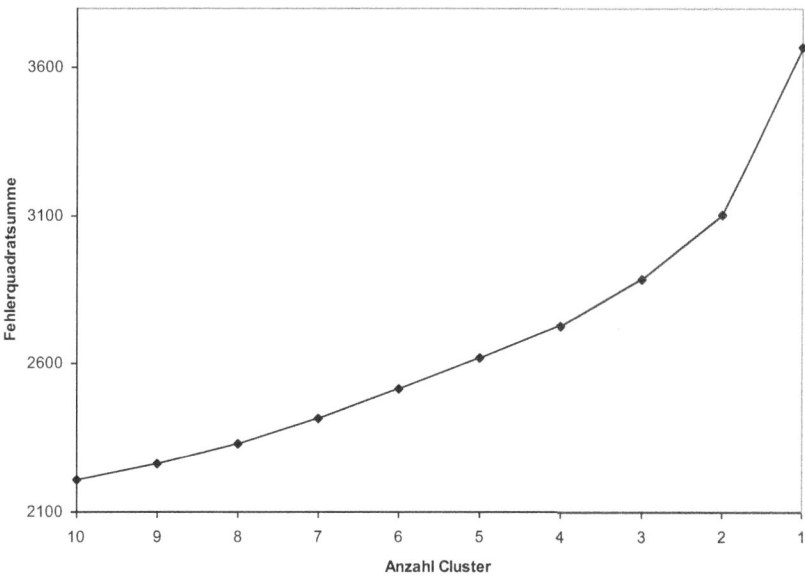

Anhang E: 4-Cluster-Lösung zum Themenkomplex „Politik-Interesse"

Einzelaspekte	Cluster 1 n=67		Cluster 2 n=33		Cluster 3 n=83		Cluster 4 n=114		Insgesamt n=297	
	M	(SD)	M	(SD)	M	(SD)	M	(SD)	M	(SD)
Politik-Interesse Gemeinde	2,34	(0,75)	3,15	(0,94)	1,61	(0,66)	2,32	(0,71)	2,22	(0,86)
Politik-Interesse Kanton	2,52	(0,79)	3,12	(0,82)	1,51	(0,57)	2,23	(0,61)	2,19	(0,83)
Politik-Interesse Bund	2,60	(0,92)	3,15	(0,83)	1,66	(0,70)	2,23	(0,65)	2,26	(0,88)
Politik-Interesse EU	2,69	(0,66)	3,09	(0,91)	1,69	(0,70)	2,18	(0,83)	2,26	(0,89)
Politik-Interesse Welt	3,04	(0,71)	3,24	(1,00)	1,89	(0,81)	2,51	(0,79)	2,54	(0,93)
Politik-Interesse Parteien	2,06	(0,74)	3,00	(0,71)	1,48	(0,61)	1,94	(0,72)	1,96	(0,81)
Politik-Interesse Vereine	1,64	(0,71)	2,76	(1,09)	2,35	(1,02)	3,16	(0,80)	2,55	(1,06)
Info-Interesse Gemeinde	2,25	(0,89)	3,06	(1,12)	1,78	(0,84)	2,73	(0,77)	2,39	(0,97)
Info-Interesse Kanton	2,49	(0,68)	3,15	(0,87)	1,59	(0,72)	2,78	(0,68)	2,42	(0,90)
Info-Interesse Schweiz	2,93	(0,66)	3,42	(0,71)	2,05	(0,84)	2,85	(0,65)	2,71	(0,84)
Info-Interesse Welt	2,97	(0,80)	3,39	(0,70)	2,22	(0,88)	2,92	(0,75)	2,79	(0,88)
Info-Interesse TV-Nachrichten	3,31	(0,78)	3,55	(0,56)	2,60	(0,85)	3,02	(0,86)	3,03	(0,87)
Info-Interesse Internet	1,45	(0,68)	2,42	(1,00)	1,19	(0,45)	1,54	(0,67)	1,52	(0,75)
Diskussions-Interesse mit Gleichaltrigen	1,70	(0,80)	2,42	(0,87)	1,36	(0,69)	1,74	(0,70)	1,70	(0,80)
Diskussions-Interesse mit Familie	2,28	(0,88)	3,27	(0,76)	1,51	(0,61)	2,11	(0,80)	2,11	(0,92)
Diskussions-Interesse mit Lehrpersonen	1,55	(0,68)	2,39	(0,97)	1,41	(0,70)	1,96	(0,83)	1,76	(0,84)

verwendete Skala *1 = trifft nicht zu, 2 = trifft eher nicht zu, 3 = trifft eher zu, 4 = trifft zu*

Anhang F: Verlauf des Zuwachses der Fehlerquadratsumme bei Fusionierung der Cluster zu den Einschätzungen der Schülerinnen und Schüler innerhalb des Bereichs „politische Motivation" ($n = 296$)

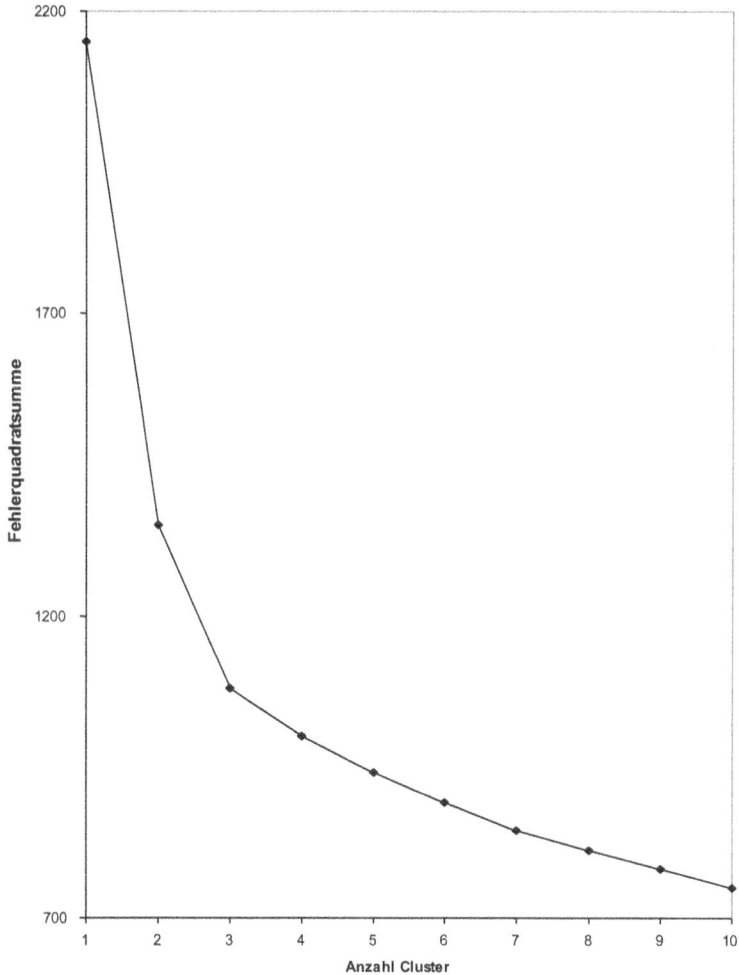

Anhang G: Einschätzungen der Schülerinnen und Schüler zu den Aspekten innerhalb des Themenkomplexes „politische Motivation" bei einer 3-Cluster-Lösung

Einzelaspekte	Cluster 1 $n=80$		Cluster 2 $n=96$		Cluster 3 $n=120$		Insgesamt $n=296$	
	M	(SD)	M	(SD)	M	(SD)	M	(SD)
Mehr Disk. mit Gleichaltrigen	1,13	(0,43)	2,31	(0,81)	1,63	(0,58)	1,72	(0,78)
Mehr Disk. mit Familie	1,21	(0,52)	2,64	(0,88)	1,75	(0,68)	1,89	(0,91)
Mehr Disk. mit LP	1,05	(0,22)	2,36	(0,91)	1,63	(0,61)	1,71	(0,83)
Vermehrte Erfahrensmotivation	1,3	(0,54)	2,95	(0,72)	2,08	(0,53)	2,15	(0,87)
vermehrte Verstehensmotivation	1,5	(0,62)	3,23	(0,61)	2,41	(0,63)	2,43	(0,91)
Vermehrte Beurteilungsmotivation	1,23	(0,48)	2,94	(0,69)	2,22	(0,79)	2,19	(0,95)
Vermehrte Aktualitätsmotivation	1,28	(0,53)	3,35	(0,54)	2,28	(0,67)	2,35	(1,00)
Vermehrte Erfahrensmotivation im Schulunterricht	1,29	(0,48)	3,21	(0,58)	2,07	(0,66)	2,23	(0,95)
Vermehrte Erfahrensmotivation mit Hilfe	1,12	(0,37)	2,67	(0,79)	1,98	(0,68)	1,97	(0,88)

verwendete Skala *1 = trifft nicht zu, 2 = trifft eher nicht zu, 3 = trifft eher zu, 4 = trifft zu*

Anhang H: 3-Cluster-Lösung zum Themenkomplex „politische Motivation" (n = 296)

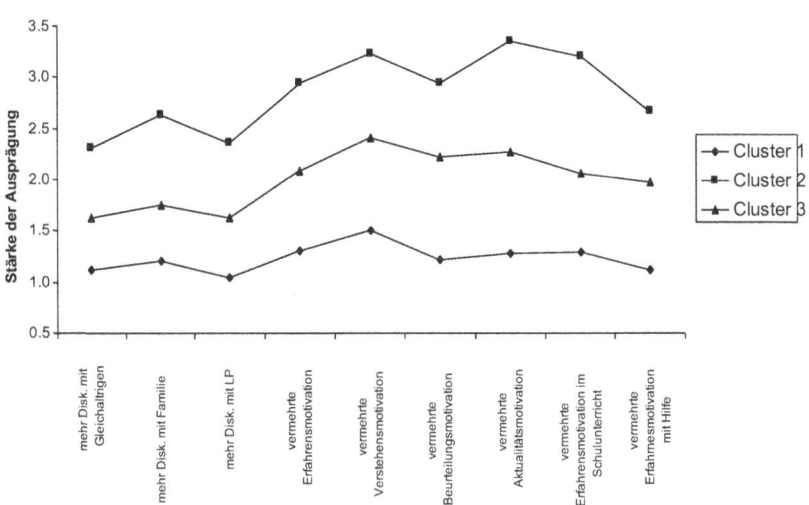

Anhang I: Einschätzungen der Schülerinnen und Schüler (M, SD) zu den Einzelaspekten innerhalb des Themenkomplexes „politische Motivation" bei der 5-Cluster-Lösung (nach der Ward-Methode)

Einzelaspekte	Cluster 1 $n=80$		Cluster 2 $n=27$		Cluster 3 $n=69$		Cluster 4 $n=42$		Cluster 5 $n=78$		Insgesamt $n=296$	
	M	(SD)	M	(SD)	M	(SD)	M	(SD)	M	(SD)	M	(SD)
Mehr Disk.-Motivation mit Peers	1,13	(0,43)	2,70	(0,82)	2,16	(0,76)	1,19	(0,46)	1,87	(0,49)	1,72	(0,78)
Mehr Disk.-Motivation mit Familie	1,21	(0,52)	3,52	(0,51)	2,29	(0,75)	1,19	(0,40)	2,05	(0,60)	1,89	(0,91)
Mehr Disk.-Motivation mit LP	1,05	(0,22)	3,04	(0,76)	2,10	(0,83)	1,21	(0,42)	1,86	(0,58)	1,71	(0,83)
Motivation, mehr über Pol. erfahren	1,30	(0,54)	3,15	(0,72)	2,87	(0,71)	2,10	(0,37)	2,08	(0,60)	2,15	(0,87)
Motivation, mehr von Pol. verstehen	1,50	(0,62)	3,15	(0,72)	3,26	(0,56)	2,17	(0,66)	2,54	(0,57)	2,43	(0,91)
Motivation, kompl. politische Vorgänge beurteilen	1,23	(0,48)	3,15	(0,66)	2,86	(0,69)	1,88	(0,63)	2,41	(0,81)	2,19	(0,95)
Motivation, mehr Aktuelles im Unterricht	1,28	(0,53)	3,48	(0,51)	3,30	(0,55)	2,45	(0,71)	2,18	(0,64)	2,35	(0,10)
Motivation, mehr über Politik im Unterricht	1,29	(0,48)	3,48	(0,58)	3,10	(0,55)	2,14	(0,68)	2,03	(0,64)	2,23	(0,95)
Motivation, Auseinandersetzen inkl. Unterstützung	1,13	(0,37)	3,37	(0,57)	2,39	(0,69)	1,79	(0,52)	2,08	(0,73)	1,97	(0,88)

verwendete Skala *1 = trifft nicht zu*, *2 = trifft eher nicht zu*, *3 = trifft eher zu*, *4 = trifft zu*

Anhang J: Verlauf des Zuwachses der Fehlerquadratsumme bei Fusionierung der Cluster ($n = 283$) zu den Einschätzungen der Schülerinnen und Schüler innerhalb des Bereichs „politische Handlungsbereitschaft"

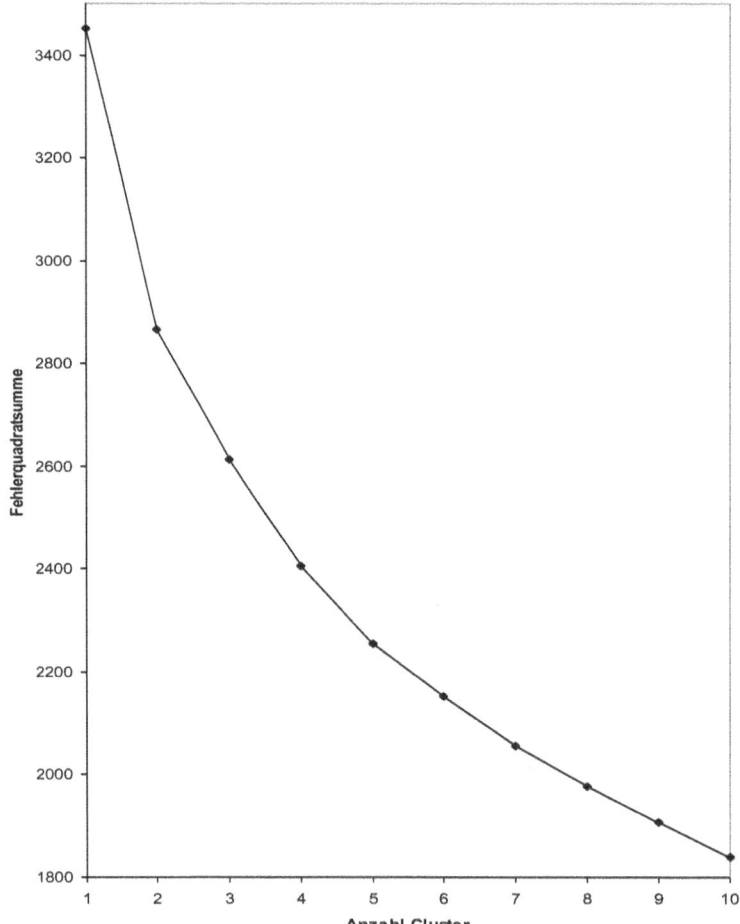

Anhang K: Einschätzungen der Schülerinnen und Schüler (M, SD) zu den Einzelaspekten innerhalb des Themenkomplexes „politische Handlungsbereitschaft" bei der 5-Cluster-Lösung (nach der Ward-Methode)

Einzelaspekte	Cluster 1 $n=57$		Cluster 2 $n=56$		Cluster 3 $n=35$		Cluster 4 $n=115$		Cluster 5 $n=20$		Insgesamt $n=283$	
	M	(SD)	M	(SD)	M	(SD)	M	(SD)	M	(SD)	M	(SD)
Absicht, abzustimmen	3,32	(0,63)	2,30	(0,91)	3,43	(0,74)	2,83	(0,88)	2,35	(1,18)	2,87	(0,94)
Absicht, Kandidateninfo	2,77	(0,76)	1,79	(0,80)	3,34	(0,64)	2,58	(0,92)	2,40	(1,10)	2,54	(0,96)
Absicht, in Partei einzutreten	1,12	(0,38)	1,39	(0,76)	2,57	(0,92)	1,61	(0,66)	2,15	(1,18)	1,63	(0,84)
Absicht, polit. Engag. Gemeinde	1,21	(0,41)	1,41	(0,60)	2,60	(0,78)	1,76	(0,68)	1,85	(0,93)	1,69	(0,77)
Absicht, polit. Engag. Verein	1,39	(0,65)	1,61	(0,82)	2,63	(0,69)	1,92	(0,77)	1,90	(1,07)	1,84	(0,85)
Absicht, kand. pol. Gemeindeamt	1,11	(0,31)	1,30	(0,54)	2,54	(0,89)	1,65	(0,61)	2,10	(1,17)	1,61	(0,78)
Absicht, Engag. für Arme	2,75	(0,79)	1,68	(0,69)	3,89	(0,32)	2,91	(0,71)	2,10	(1,02)	2,70	(0,96)
Absicht, U'schrift gegen Ungerecht.	2,33	(0,81)	1,39	(0,56)	3,63	(0,60)	2,7	(0,74)	1,85	(0,93)	2,42	(0,98)
Absicht, friedl. Demonstration	1,42	(0,57)	1,29	(0,46)	2,97	(0,75)	2,32	(0,82)	2,30	(1,22)	2,01	(0,94)
Absicht, Einsatz für M'rechte	2,63	(0,82)	1,75	(0,67)	3,91	(0,28)	2,96	(0,57)	2,30	(1,13)	2,72	(0,92)
Absicht, Eintritt in NGO	1,60	(0,80)	1,38	(0,62)	3,09	(0,89)	2,50	(0,75)	2,05	(1,05)	2,14	(0,97)
Absicht, Teiln. Umweltschutz	1,98	(0,77)	1,80	(0,88)	3,49	(0,56)	2,74	(0,62)	1,80	(0,77)	2,43	(0,91)
Absicht, Leserbr. gegen Ungerecht.	1,61	(0,65)	1,30	(0,45)	2,46	(0,98)	1,97	(0,67)	1,90	(0,97)	1,82	(0,78)
Absicht, Protest auf Wände	1,07	(0,26)	1,36	(0,65)	1,74	(0,78)	1,57	(0,69)	3,20	(0,83)	1,56	(0,81)
Absicht, Verkehrsblockade	1,07	(0,26)	1,18	(0,37)	1,69	(0,80)	1,54	(0,65)	3,45	(0,61)	1,53	(0,81)
Absicht, Gebäude besetzen	1,02	(0,13)	1,23	(0,43)	1,80	(0,93)	1,41	(0,54)	2,90	(0,91)	1,45	(0,73)

verwendete Skala *1 = trifft nicht zu, 2 = trifft eher nicht zu, 3 = trifft eher zu, 4 = trifft zu*

Anhang L: Verlauf des Zuwachses der Fehlerquadratsumme bei Fusionierung der Cluster (n = 309) zu den Einschätzungen der Schülerinnen und Schüler zum Gesamt-Interesse hinsichtlich der Politik-Bereiche gesellschaftlich-kommunalpolitisches Interesse", „staatspolitisches Interesse", „sozialpolitisches Interesse", „mikropolitisches Engagement" und „staatspolitisches Engagement"

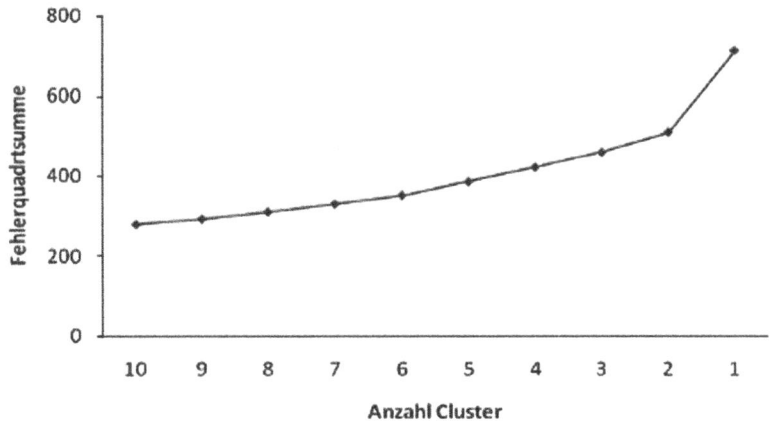

Anhang M: Einschätzungen der Schülerinnen und Schüler (M, SD) zum Gesamt-Interesse hinsichtlich der Politik-Bereiche gesellschaftlich-kommunalpolitisches Interesse", „staatspolitisches Interesse", „sozialpolitisches Interesse", „mikropolitisches Engagement" und „staatspolitisches Engagement" bei der 5-Cluster-Lösung (nach der Ward-Methode)

| | Cluster 1 | | Cluster 2 | | Cluster 3 | | Cluster 4 | | Cluster 5 | | Insgesamt | |
	$n=40$		$n=67$		$n=97$		$n=89$		$n=16$		$n=309$	
Einzelaspekte	M	(SD)	M	(SD)	M	(SD)	M	(SD)	M	(SD)	M	(SD)
Gesellschaftlich-komunalpolitisches Interesse	1,70	(0,37)	2,86	(0,31)	2,75	(0,67)	1,89	(0,45)	2,79	(0,59)	2,39	(0,70)
Staatspolitisches Interesse	1,58	(0,30)	2,22	(0,36)	2,90	(0,47)	2,38	(0,39)	2,45	(0,60)	2,41	(0,58)
Sozialpolitisches Interesse	1,70	(0,55)	2,26	(0,41)	2,97	(0,52)	2,43	(0,68)	1,49	(0,35)	2,42	(0,71)

	Cluster 1 $n=40$	Cluster 2 $n=67$	Cluster 3 $n=97$	Cluster 4 $n=89$	Cluster 5 $n=16$	Insgesamt $n=309$
Mikropolitisches Engagement	1,04 (0,11)	1,48 (0,49)	2,31 (0,54)	1,48 (0,47)	2,15 (0,68)	1,72 (0,66)
Staatspolitisches Engagement	1,84 (0,57)	2,06 (0,56)	2,90 (0,56)	2,00 (0,53)	3,38 (0,48)	2,35 (0,73)

verwendete Skala *1 = trifft nicht zu, 2 = trifft eher nicht zu, 3 = trifft eher zu, 4 = trifft zu*

Anhang N: Instruktionen für Lehrpersonen und Angaben zur Klasse

„Liebe Klassenlehrperson, liebe PHZ-Studierende"

Zuerst einmal herzlichen Dank, dass Sie den Fragebogen in Ihrer Klasse einsetzen. Damit die Angaben der Schülerinnen und Schüler brauchbar sind bzw. möglichst wenige Verzerrungen auftreten, möchten wir Ihnen noch einige Informationen zur Durchführung der Befragung geben und Sie bitten, die untenstehenden Fragen zu Ihrer Klasse zu beantworten.

Informationen zur Durchführung der Befragung

- *Es wird mit einem Zeitbedarf von 20–25 min gerechnet.*
- *Bitte halten Sie schriftlich stichwortartig fest, wenn es Probleme beim Ausfüllen gibt bzw. die Schülerinnen und Schüler Schwierigkeiten beim Ausfüllen haben. Sie können dazu die Rückseite dieses Blattes benutzen.*
- *Achten Sie darauf, dass die Schülerinnen und Schüler den Fragebogen für sich alleine ausfüllen und nicht beim Nachbarn gucken bzw. abschreiben.*
- *Ebenso möchten wir Sie bitten, dass der Fragebogen in ihrem Unterricht nicht so ausgefüllt werden kann, dass Schülerinnen und Schüler, welche schnell fertig sind, belohnt werden. Wird der Fragebogen beispielsweise vor der Pause ausgefüllt, um anschließend in die Pause gehen zu können, so ist anzunehmen, dass dies zum unsorgfältigen Ausfüllen verleitet, da Schülerinnen und Schüler möglichst schnell in die Pause gehen wollen. Es wäre in diesem Fall schade um die von den Lehrpersonen und den Schülerinnen investierte Zeit, abgesehen davon, dass die erhobenen Daten unbrauchbar würden.*
- *Bitte stellen Sie auch sicher, dass Schülerinnen und Schüler, welche den Fragebogen ausgefüllt haben, die anderen Schülerinnen und Schüler, welche noch mit dem Ausfüllen beschäftigt sind, nicht stören. Eine Möglichkeit dies zu ver-*

hindern, besteht darin, dass die Schülerinnen und Schüler, welche mit dem Ausfüllen fertig sind, den Fragebogen am Platz behalten und einer stillen Beschäftigung nachgehen.
- *Damit die Schülerinnen und Schüler sich nicht zu lange mit dem Teil I beschäftigen, möchten wir Sie bitten, 4 min nach Beginn der Bearbeitung des Teils I folgendes mitzuteilen:*
*„**4 von den 5 min, die ihr für Teil I zur Verfügung habt, sind um, bitte schließt den Teil I langsam ab und geht dann über zum Teil II.**"*

Literatur

Aeppli, J., & Reinhardt, V. (2011). Gruppen von Sekundarstufenschülerinnen und -schülern mit unterschiedlichem Politik-Interesse und Veränderung des Interesses an Politik durch politikvernetzte Projektarbeit. Luzern. (Forschungsbericht Nr. 28 der Pädagogischen Hochschule Zentralschweiz, Hochschule Luzern).

Amadeo, J.-A., Torney-Purta, J., Lehmann, R., Husfeldt, V., & Nikolova, R. (2002). *Civic knowledge and engagement: An IEA study of upper secondary students in sixteen countries*. Amsterdam: The International Association for the Evaluation of Educational Achievement.

Backhaus, K., Erichson, B., Plinke, W., & Weiber, R. (2000). *Multivariate Analysemethoden. Eine anwendungsorientierte Einführung*. Berlin: Springer.

Barber, B. (1984). *Strong democracy. Participatory politics for a new age*. Berkeley: University of California Press.

Bergs, S. (1981). *Optimalität bei Cluster-Analysen*. Dissertation, Universität Münster.

Beutel, W., & Fauser, P. (Hrsg.). (2001). *Erfahrene Demokratie. Wie Politik praktisch gelernt werden kann*. Opladen: VS Verlag für Sozialwissenschaften.

Biedermann, H. (2005). *Demokratiepädagogik und Politische Bildung in der Schweiz – eine bildungspolitische Grundlage*. (Unveröff. Vortragsmanuskript). Berlin.

Biedermann, H. (2006). *Junge Menschen an der Schwelle politischer Mündigkeit. Partizipation: Patentrezept politischer Identitätsfindung?* Münster: Waxmann.

Biedermann, H. (2007). Quantitative Sozialforschung zur Politischen Bildung. In D. Lange & V. Reinhardt (Hrsg.), *Basiswissen Politische Bildung* (Bd. 4, S. 28–38). Baltmannsweiler: Schneider Verlag Hohengehren.

Biedermann, H., & Reichenbach, R. (2009). Die empirische Erforschung der politischen Bildung und das Konzept der politischen Urteilskompetenz. *Zeitschrift für Pädagogik, 6*, 872–886.

Biedermann, H., et al. (2010). *Staatsbürgerinnen und Staatsbürger von morgen. Zur Wirksamkeit politischer Bildung in der Schweiz. Ein Vergleich mit 37 anderen Ländern*. Fribourg: Forschungsbericht der Universität Fribourg.

Bieri Buschor, C., & Forrer, E. (2005). *Cool, kompetent und kein bisschen weise? Überfachliche Kompetenzen junger Erwachsener am Übergang zwischen Schule und Beruf*. Zürich: Rüegger.

BLK-Modellprogramm. (2003). „Demokratie lernen und leben: Skalen zur Befragung von Schüler/-innen, Lehrer/-innen und Schulleitungen". http://www.blk-demokratie.de/fileadmin/public/dokumente/Skalenhandbuch_2004.pdf. Zugegriffen: 20. Juli 2006.

Bortz, J. (2005). *Statistik*. Berlin: Springer.
Bortz, J., & Döring, N. (2003). *Forschungsmethoden und Evaluation*. Berlin: Springer.
Breit, G. (2004). *Interesse, Skepsis, Anteilnahme – Zum Aufbau einer demokratischen Verhaltensdisposition im Politikunterricht*. (Unveröff. Manuskript. o. O. und o. J.).
Breit, G. (2005). Projektarbeit und Politikunterricht – Vorüberlegungen zum gesellschaftlichen und politischen Lernen. In V. Reinhardt (Hrsg.), *Projekte machen Schule. Projektunterricht in der politischen Bildung* (S. 52–67). Schwalbach: Wochenschau.
Breit, H., & Eckensberger, L. (2004). Demokratieerziehung zwischen Polis und Staat. *DIPF informiert (Journal des Deutschen Instituts für Internationale Pädagogische Forschung), 6*, 6–11.
Buchstein, H. (2002). Die Bürgergesellschaft – Eine Ressource der Demokratie? In G. Breit & S. Schiele (Hrsg.), *Demokratie-Lernen als Aufgabe der politischen Bildung* (S. 198–222). Schwalbach: Wochenschau.
Claußen, B. (1981). *Methodik der politischen Bildung*. Opladen: Leske und Budrich.
Da Rin, S., & Künzli, S. (2006). *Forschungsbericht zur explorativen Studie „Umsetzung von politischer Bildung in der Volksschule"*. Zürich.
Darmstädter Appell. (1995). Aufruf zur Reform der „Politischen Bildung" in der Schule. Darmstadt.
Detjen, J. (2002). Die gesellschaftliche Infrastruktur der Demokratie kennen und sich gesellschaftlich beteiligen – Gesellschaftslernen im Rahmen des Demokratie-Lernens. In G. Breit & S. Schiele (Hrsg.), *Demokratie-Lernen als Aufgabe der politischen Bildung* (S. 72–94). Schwalbach: Wochenschau.
Dewey, J. (1916). *Demokratie und Erziehung*. (Nachdruck der 3. Aufl. übersetzt von E. Hylla, Hrsg. von J. Oelkers (2000)). Basel: Beltz.
Dewey, J. (1966). *Democracy and education. An introduction to the philosophy of education*. New York: The Free Press (Erste Ausgabe erschienen 1916).
Dewey, J. (1983). *The middle works, 1899–1924*. Carbondale: Southern Illinois University.
Edelstein, W., & Fauser, P. (2001). *Demokratie lernen und Leben* (Gutachten für ein Modellversuchsprogramm der Bund-Länder-Kommission für Bildungsplanung und Forschungsförderung. Materialien zur Bildungsplanung und Forschungsförderung Heft 96). Bonn: BLK.
Eisner, M., et al. (2008). *Frühprävention von Gewalt und Aggression. Ergebnisse des Zürcher Präventions- und Interventionsprojektes an Schulen*. Zürich: Rüegger Verlag.
Förderprogramm Demokratisch Handeln. (Hrsg.). (2002). *Ergebnisse und Kurzdarstellungen zur Ausschreibung 2001*. Jena: Universität Jena.
Frey, K. (2002). *Die Projektmethode*. Basel: Beltz Verlag.
Gagel, W. (1998). Denken und Handeln. Der Pragmatismus als Diagnosehilfe für Konzepte der Handlungsorientierung im Politikunterricht. In G. Breit & S. Schiele (Hrsg.), *Handlungsorientierung im Politikunterricht*. Schwalbach: Wochenschau.
Hefti, M. (2008). *Demokratie als Lebensform. Einstellungen und Vorstellungen gegenüber Formen der Schülerpartizipation*. (Masterarbeit). Luzern: Pädagogische Hochschule Zentralschweiz.
Heinzer, S. (2007). *Die Entwicklung des politischen Urteils. Ein Modellierungsversuch* (Lizentiatsarbeit). Schweiz: Universität Freiburg.
Henkenborg, P. (2005). Demokratie-Lernen – eine Chance für die politische Bildung. In G. Himmelmann & D. Lange (Hrsg.), *Demokratiekompetenz. Beiträge aus Politikwissenschaft, Pädagogik und politischer Bildung* (S. 299–312). Opladen: VS Verlag für Sozialwissenschaften.

Himmelmann, G. (1998). Das Bild des Bürgers in der politikwissenschaftlichen Theorie und in der politischen Praxis. Grundlage für die „Handlungsorientierung" im politischen Unterricht? In G. Breit & S. Schiele (Hrsg.), *Handlungsorientierung im Politikunterricht* (S. 35–61). Schwalbach: Wochenschau.

Himmelmann, G. (2001). *Demokratie Lernen als Lebens-, Gesellschafts- und Herrschaftsform. Ein Lehr- und Studienbuch.* Schwalbach: Wochenschau.

Himmelmann, G. (2002). Demokratie-Lernen als Lebens-, Gesellschafts- und Herrschaftsform. In G. Breit & S. Schiele (Hrsg.), *Demokratie-Lernen als Aufgabe der politischen Bildung* (S. 21–39). Schwalbach: Wochenschau.

Hoffmann-Lange, U., & Rijke, J. (2010). Argumente und Daten zur Herabsetzung des Wahlalters. In T. Betz, W. Gaiser, & L. Pluto, (Hrsg.), *Partizipation von Kindern und Jugendlichen. Forschungsergebnisse, Bewertungen, Handlungsmöglichkeiten* (S. 77–96). Schwalbach: Wochenschau.

Jung, E. (1997). *Projekt – Projektorientierung. Mehr als eine Methode.* Schwalbach: Wochenschau.

Jung, E. (2005). Projektpädagogik als didaktische Konzeption. In V. Reinhardt (Hrsg.), *Projekte machen Schule. Projektunterricht in der politischen Bildung* (S. 13–35). Schwalbach: Wochenschau.

Kaiser, F.-J. (1999). Projektarbeit. In F.-J. Kaiser & G. Pätzold (Hrsg.), *Wörterbuch der Berufs- und Wirtschaftspädagogik* (S. 329–330). Bad Heilbrunn: Klinkhardt.

Kaminski, H. (1999). Projektmethode. In W. Mickel (Hrsg.), *Handbuch zur politischen Bildung* (S. 358–362). Schwalbach: Wochenschau.

Klöti, U., & Risi, F.-X. (1991). *Politische Bildung Jugendlicher – Rekrutenprüfung 1988. Pädagogische Rekrutenprüfungen* (Bd. 11). Aarau: Sauerländer.

Knoll, M. (1992a). John Dewey und die Projektmethode. Zur Aufklärung eines Missverständnisses. *Bildung und Erziehung, 45,* 98–108.

Knoll, M. (1992b). Abschied von einer Illusion. Ellsworth Collins und das Typhusprojekt. *Neue Sammlung, 4,* 571–587.

Kötters-König, C. (2001). Handlungsorientierung und Kontroversität. Wege zur Wirksamkeit der politischen Bildung im Sozialkundeunterricht. *Aus Politik und Zeitgeschichte, 50,* 6–12.

Krüger, H.-H. (2000). *Jugend und Demokratie – Politische Bildung auf dem Prüfstand. Eine quantitative und qualitative Studie aus Sachsen-Anhalt.* Opladen: VS Verlag für Sozialwissenschaften.

Kuhn, H.-W. (2003). *Urteilsbildung im Politikunterricht. Ein multimediales Projekt. Buch–Video–CD.* Schwalbach: Wochenschau.

Massing, P. (1999). Demokratietheorie und politische Bildung – eine vergessene Tradition? *Politische Bildung, 2,* 149–156.

Massing, P. (2002). Demokratie-Lernen oder Politik-Lernen? In G. Breit & S. Schiele (Hrsg.), *Demokratie-Lernen als Aufgabe der politischen Bildung* (S. 160–187). Schwalbach: Wochenschau.

Massing, P., & Weißeno, G. (Hrsg.). (1997). *Politische Urteilsbildung. Zentrale Aufgabe für den Politikunterricht.* Schwalbach: Wochenschau.

Mayring, P. (2007). *Qualitative Inhaltsanalyse. Grundlagen und Techniken.* Weinheim: Beltz.

Milbrath, L. (1977). *Political participation. Why people get involved in politics.* Chicago: Rand-McNally.

Milligan, G.W. (1981). A review of Monte Carlo tests of cluster analysis. *Multivariate Behavioral Research, 16,* 379–407.

Moegling, K., & Peter, H. (2001). *Nachhaltiges Lernen in der politischen Bildung. Lernen für die Gesellschaft der Zukunft.* Opladen: VS Verlag für Sozialwissenschaften.

Nonnenmacher, F. (1996). Sozialkunde – vom Schulfach zum Lernbereich. In F. Nonnenmacher (Hrsg.), *Das Ganze sehen. Schule als Ort politischen und sozialen Lernens* (S. 180–186). Schwalbach: Wochenschau.

Oelkers, J. (1999). Geschichte und Nutzen der Projektmethode. In D. Hänsel (Hrsg.), *Projektunterricht. Ein praxisorientiertes Handbuch* (S. 13–30). Weinheim: Beltz.

Oetinger, F. (1951). *Wendepunkt der politischen Erziehung.* Stuttgart: J.B. Metzler.

Oetinger, F. (Pseudonym für T. Wilhelm). (1956). *Partnerschaft – Die Aufgabe der politischen Erziehung.* Stuttgart: J. B. Metzler.

Oser, F. (2005). Jugend ohne Politik: Muster des Zusammenhangs einzelner Ausprägungen. In Schriftenreihe SFB (Hrsg.), *Demokratie leben – Demokratie lernen, Testsammlung* (S. 13–24). Bern: Sekretariat für Bildung und Forschung (SBF).

Oser, F., & Biedermann, H. (2003). *Jugend ohne Politik: Ergebnisse der IEA Studie zu politischem Wissen, Demokratieverständnis und gesellschaftlichem Engagement von Jugendlichen in der Schweiz im Vergleich mit 27 anderen Ländern.* Zürich: Rüegger.

Oser, F., Steinmann, S., Maiello, C., Quesel, C., & Villiger, C. (2005). *Zur Entwicklung der politischen Kognitionen* (Schlussbericht). Freiburg: Universität Fribourg.

Oser, F., Riegel, C., & Tanner, S. (2007). *Prävention von Rechtsextremismus und ethnisierter Gewalt an Schulen. Eine Interventionsstudie mit Lehrerweiterbildungsmaßnahmen in der Schweiz.* (Schlussbericht NFP 40 + Projekt).

Pitsch, J. (2013). *Politische Einstellungsänderungen durch projektorientiertes Demokratielernen* (Unveröff. Wissenschaftliche Hausarbeit im Fach Politikwissenschaft). Weingarten.

Pohl, K. (2004). *Demokratie als Versprechen – demokratische versus politische Bildung.* Politische Bildung, 3 (Manuskriptvorlage).

Reinhardt, V. (2004). *Partizipative Schul- und Unterrichtsentwicklung. Schule, Unterricht und politisch-ökonomische Bildung aus Sicht von Schülerinnen und Schülern.* Baltmannsweiler: Hohengehren.

Reinhardt, V. (2005a). Projektarbeit und Demokratie-Lernen. In G. Himmelmann & D. Lange (Hrsg.), *Demokratiekompetenz. Beiträge aus Politikwissenschaft, Pädagogik und politischer Bildung* (S. 164–179). Wiesbaden: VS Verlag für Sozialwissenschaften.

Reinhardt, S. (2005b). *Politikdidaktik. Praxishandbuch für die Sekundarstufe I und II.* Berlin: Cornelsen.

Reinhardt, S. (2009a). Schulleben und Unterricht – nur der Zusammenhang bildet politisch und demokratisch. *Zeitschrift für Pädagogik, 55*(6), 860–871.

Reinhardt, V. (2009b). Brücken zwischen Mikro- und Makrowelt. Erfahrungen von Lehrerinnen und Lehrern mit politikvernetzter Projektarbeit. *kursiv* (Journal für politische Bildung), *4,* 76–83.

Reinhardt, V. (2012). Empirische Untersuchungen in der Schweiz zu politischem Wissen und Einstellungen in Bezug auf Europa. In B. Ziegler & V. Reinhardt. (Hrsg.), *Was Schweizer Jugendliche von der EU wissen. Die schweizerische TEESAEC-Studie* (S. 25–32). Zürich: Rüegger.

Reinhoffer, B. (2005). Lehrkräfte geben Auskunft über ihren Unterricht. Ein systematisierender Vorschlag zur deduktiven und induktiven Kategorienbildung in der Unterrichts-

forschung. In P. Mayring & M. Gläser-Zikuda. (Hrsg.), *Die Praxis der Qualitativen Inhaltsanalyse*. Weinheim: Beltz.
Richter, D. (2014). Ist der integrierte Sachunterricht Vorbild oder Warnung für eine sozialwissenschaftliche Bildung in den Sekundarstufen. Sowi-online.de. http://www.sowi-online.de/journal/2001-1/richter.htm. Zugegriffen: 15. Juni 2014.
Rossi, P.H., & Freeman, H.E. (1993). *Evaluation*. Beverly Hills: Sage.
Schiele, S., & Schneider, H. (Hrsg.). (1996). *Reicht der Beutelsbacher Konsens?* Schwalbach: Wochenschau.
Schoch, C. (2013). Politikvernetzte Projektarbeit. Veränderungen des politischen Interesses, der politischen Motivation und der politischen Handlungsbereitschaft bei Schülerinnen und Schülern der Sekundarstufe I (Unveröff. Wissenschaftliche Hausarbeit im Fach Politikwissenschaft). Weingarten.
Schreier, H. (1997). Drei Facetten der Projektidee. Die Sache des Projektunterrichts und das Problem der leeren Namen. Zur Begründung der Notwendigkeit eines Blicks in die Ideengeschichte In J. Bastian, H. Gudjons, et al. (Hrsg.), *Theorie des Projektunterrichts* (S. 71–98). Hamburg: Bergmann und Helbig.
Shell AG. (Hrsg.). (2000). *Jugend 2000. 13. Shell Jugendstudie* (Bd. 1 und 2). Opladen: VS Verlag für Sozialwissenschaften.
Shell AG. (Hrsg.) (2002). *Jugend 2002. 14. Shell Jugendstudie*. Frankfurt a. M.: Fischer.
Shell AG. (Hrsg.). (2006). *Jugend 2006. 15. Shell Jugendstudie*. Frankfurt a. M.: Fischer
Speth, M. (1997). John Dewey und der Projektgedanke. In J. Bastian, H. Gudjons, et al. (Hrsg.), *Theorie des Projektunterrichts* (S. 19–37). Hamburg: Bergmann und Helbig.
Stamm, M. (2007). Jugendliche in der Schweiz und ihr Blick nach Europa. Ausgewählte Ergebnisse einer Schweizer Langzeitstudie. In H. Biedermann, F. Oser, & C. Qesel (Hrsg.), *Vom Gelingen und Scheitern Politischer Bildung. Studien und Entwürfe* (S. 383–398). Zürich: Rüegger.
Steinmann, S., & Oser, F. (2009). Sich erinnern statt ausgrenzen. Ethnos-Orientierung versus Ethnos-Zentrierung als Typen der politischen Einstellung (Unveröff. Manuskript). Universität Fribourg.
Tietgens, H. (Hrsg.). (1987). *Wissenschaft und Berufserfahrung. Zur Vermittlung von Theorie und Praxis in der Erwachsenenbildung*. Bad Heilbrunn: Klinkhardt.
Torney-Purta, J., Schwille, J., & Amadeo, J.-A. (Hrsg.). (1999). *Civic education across countries: Twenty-four national case studies from the IEA civic education project*. Amsterdam: The names of authoring organizations, e.g., a research foundation, government agency, school district, or university responsible for the intellectual content of the document. International Association for the Evaluation of Educational Achievement.
Torney-Purta, J., Lehmann, R., Oswald, H., & Schulz, W. (2001). *Citizenship and education in twenty-eight countries: Civic knowledge and engagement at age fourteen*. Amsterdam: The International Association for the Evaluation of Educational Achievement.
Weinert, F. E. (2002). Vergleichende Leistungsmessung in Schulen – eine umstrittene Selbstverständlichkeit. In F. E. Weinert (Hrsg.), *Leistungsmessungen in Schulen* (S. 17–31). Weinheim: Beltz.
Weiss, W. W. (1981). Überlegungen für ein theoretisches Modell politischer Sozialisation. In H.-D. Klingemann & M. Kaase (Hrsg.), *Politische Psychologie* (S. 37–55). Opladen: Westdeutscher Verlag.
Ziegler, B., & Reinhardt, V. (Hrsg.). (2012). *Was Schweizer Jugendliche von der EU wissen. Die schweizerische TEESAEC-Studie*. Zürich: Rüegger.

The manufacturer's authorised representative in the EU is Springer Nature Customer Service Centre GmbH, Europaplatz 3, 69115 Heidelberg, Germany. If you have any concerns regarding our products, please contact ProductSafety@springernature.com

Printed and bound by CPI Group (UK) Ltd, Croydon, CR0 4YY

25/03/2026

02078192-0010